VERKEHRSGESCHICHTE

Trümmerbahnen

VERKEHRSGESCHICHTE

Klaus Scherff

Trümmer-bahnen

transpress

Einbandgestaltung: Sven Rauert

Titelbild: München im Juli 1946: Am Schuttzwischenlager Sendlinger-Tor-Platz hat der Löffelbagger gerade einen langen, schweren Trümmerbahnzug mit 4 m^3-Kastenloren beladen, während im Hintergrund in Kürze die Straßenbahnlinie 1 via Hauptbahnhof in Richtung Moosach abfährt.
Foto: Stadtarchiv München

ISBN: 3-613-71197-4

1. Auflage 2002

Lektorat: Dirk Endisch
Innengestaltung: Viktor Stern
Druck: Fotolito LONGO, I-39100 Bozen
Bindung: Fotolito LONGO, I-39100 Bozen
Printed in Italy

Vorwort

Die Arbeit an diesem Buch begann schon, als ich noch gar nicht vorhatte, ein Buch zu schreiben. Im Nachkriegs-Berlin konnte man Trümmerbahnen fast an jeder Ecke sehen und ich kann heute nicht sagen, was mich daran so faszinierte: Waren es die scheppernden Kipploren, die so oft entgleisten, oder die qualmenden kleinen Dampflokomotiven, die laut pfiffen, sich dann vor den Zug setzten und ihn mit Schnaufen und Keuchen irgendwohin zogen? Und das meist auf klappernden und wackeligen schmalen Gleisen, die in aller Eile in letzter Sekunde ausgelegt und schnell zusammengeschraubt wurden, um ein paar Tage später wieder woanders verwendet zu werden. Wir Kinder standen dazwischen und meist im Wege, weil es überall auf den Trümmerräumstellen von Frauen und Männern nur so wimmelte, die in Kittelschürzen und grobem Arbeitszeug eilig Wagen beluden, die Loks ankuppelten – jedenfalls immer zu tun hatten und dabei pausenlos aus Flaschen Wasser tranken, denn es war Sommer und sehr heiß.

Viele Jahrzehnte später erst wurde mir klar, dass ich das, was ich da gesehen hatte, nie vergessen würde. Inzwischen hatte ich über Eisenbahnen und ihre Entstehung viel gelesen, wusste, dass Stephenson mit seiner »Rocket« von 1829 zwar ihr Erfinder war, es aber schmalspurige Materialbahnen in Gruben und Bergwerken – und nichts anderes sind Feld-, Bau- oder eben »Trümmerbahnen« im Prinzip – schon lange vorher gegeben hatte. Und ich wusste nun, dass ich das große »Aufräumen« der deutschen Städte nach dem schlimmsten aller Kriege, das Wegschaffen dieser 400 Millionen Kubikmeter Trümmer, die überall herumlagen, festhalten wollte. Die Trümmerbahnen – wegen der Übersicht beschränkt auf acht Großstädte – sollen der »rote Faden« dazu sein.

Mit anderen Worten: Aus heutiger Sicht war es zwar gut, dass viele Trümmerbahnlokomotiven, ob nun Dampf- oder Dieselloks, später lange Zeit ihre Dienste bei kleinen Bahnen verrichtet haben (wie z.B. auf der Insel Rügen) oder dass man heute im Museum und auf Parkeisenbahnen (wie in Karlsruhe) mit ihnen fahren kann. Doch vergessen sollten wir ihre eigentliche Aufgabe, das Abräumen der Trümmer, nie, weil diese zu sehr mit unser aller Schicksal und dem Land, in dem wir leben, verbunden ist!

Ich kann natürlich nicht allen gedenken, die bei der Vorbereitung dieses Buches geholfen haben, denn bei dem Versuch müsste ich die Namen derer auslassen, die mir »nur« Tipps und Hinweise gaben, mit denen ich später aber weiterarbeiten konnte. Ganz herzlich danken möchte ich Alfred Gottwaldt (Berlin), Sigurd Hilkenbach (Berlin), Michael Lenk (Dresden), Klaus Mäurer (Karlsruhe), Tobias Picard (Frankfurt/Main) und Eugen Schindel (Bad Herrenalb). Meiner Frau Maritha sage ich für ihre moralische Unterstützung und stete Geduld ganz besonderen Dank.

Marxzell/Albtal, im Sommer 2002
Klaus Scherff

Inhalt

Dieses Buch ist der deutschen »Trümmerfrau« gewidmet, eine Bezeichnung, die sich – von Berlin ausgehend – bald überall in unserem Lande einbürgerte. Der Name »Trümmerfrau« war eine Anerkennung und sollte kurz und treffend aussagen, wie groß und bedeutend der Beitrag dieser Frauen, die nach dem Kriege vollkommen auf sich allein gestellt waren, für Deutschland war und noch heute ist. Die Männer, die als Soldaten gedient hatten, waren noch in Gefangenschaft , viele andere waren gefallen oder galten als vermisst. Deshalb übernahmen zunächst die Trümmerfrauen, neben ihren Sorgen für Kinder, Wohnung und Ernährung, die Hauptarbeit des Aufräumens der Städte und trugen maßgebend dazu bei, das »normale Leben« wieder in Gang zu bringen und der Nachkriegsgeneration einen hoffnungsvollen Weg in die Zukunft zu weisen.
Wie sie das alles geschafft haben, wie sie diese unterschiedlichen und schweren Arbeiten immer wieder neu bewältigten, wissen sie heute meist selbst nicht mehr, wir aber sollten stolz sein auf unsere »Trümmerfrauen«!

Klaus Scherff

1. Einleitung: Deutschland zur Stunde Null

Es ist heute fast unvorstellbar, was in den nach 1945 nur noch als Ruinenlandschaften existierenden deutschen Städten und Gemeinden an Arbeit geleistet wurde, um sie zumindest annähernd wieder in ihren Ursprungszustand zurückzuwandeln. Und dabei war es nicht nur der Mut der Verzweiflung, der die meisten Deutschen zu Schaufel und Picke greifen ließ, sondern der Gedanke: »Es muß einfach getan werden – wir müssen wieder Ordnung schaffen!« Dieses Sich-Einsetzen war begleitet von Einfallsreichtum, Improvisationskunst und, man mag es kaum glauben, Liebe zur Sache! Es ging um das eigene Ich, das eigene Leben und die eigene Familie. Gerade die deutschen Trümmerfrauen, denen dieses Buch gewidmet ist, haben hierzu Großartiges geleistet – und den meisten von ihnen ist dies bis heute nicht einmal bewusst!

Eine geschichtliche Aufarbeitung der Trümmerbeseitigung in den meisten deutschen Städten gab es bisher nur in Ansätzen. Lokale Darstellungen ließen große Überblicke nicht zu, übergreifende und vergleichende Betrachtungen fehlten ganz. Und da es bis vor einem Jahrzehnt zwei getrennte deutsche Staaten mit abweichenden politischen Systemen, Geheimhaltungsklauseln, Fotografierverbot und strengen Grenzkontrollen gab, konnte auch eine von außen angesetzte Beurteilung der Trümmerräumungstechnik in Ost und West nicht angestellt werden. Erst jetzt wurde die Zeit dafür reif.

Ernst Reuter, der spätere legendäre Berliner Oberbürgermeister, hat die Eindrücke in seiner Stadt kurz vor Weihnachten 1945 einmal so beschrieben:

»Furchtbar sind die Trümmer! Unsere Stadt ist ein Ruinenfeld ohnegleichen: In Berlin lagern zu diesem Zeitpunkt ungefähr 70 Millionen Kubikmeter Trümmer, am meisten von allen deutschen Städten. Schaurig und gespenstisch ragen die Schornsteine und Brandmauern der zerbombten und ausgebrannten Häuser in den Himmel. Es ist eine Wanderung durch ein Inferno, wenn man durch die Innenstadt geht. Aber unter diesen Trümmern laufen die Menschen geschäftig hin und her. Jeder ist beladen mit Taschen, Rucksäcken, Koffern, Weihnachtsbäumen, mit neuen Haushaltsgegenständen und Lebensmitteln. Jeder ist von dem Gedanken besessen: Es muss doch wieder Ordnung kommen, wir müssen uns wieder etablieren wie es war. Wir müssen unsere Bude schmücken und wohnlich machen.«

Im Durchschnitt wurden, man hat das dann später einmal ausgerechnet, aus jedem Kubikmeter Trümmerschutt rund 35 Ziegelsteine und etwa zwölf Kilogramm Schrott und Stahl gewonnen. Aber das Ganze musste dazu erst einmal aufbereitet werden und so sah denn die Technik des (wirtschaftlichen) Trümmerräumens etwa so aus: Ruine einreißen, die Mauerreste zerkleinern, Steine herausklauben, Sortieren in groß und klein, hell und dunkel, nass und trocken usw.. Dann folgte das zeitaufwändige Klopfen, Säubern und

Berlin 1946: Ein Symbol für den Wiederaufbau aus Schutt und Asche soll diese Trümmerbahnlok-Besatzung auf dem Titelbild des Deutschen Volkskalenders für 1947 sein.
Foto: Slg. Gottwaldt

Aufschichten der Steine, und diese Arbeit versahen hauptsächlich die Trümmerfrauen.

Man konnte praktisch alles gebrauchen: Aus Split wurden Deckensteine, Wandsteine und Beton hergestellt, der Feinschutt als Mauersand oder gar Dünger verwendet. Was dann noch übrig blieb, wurde auf Schutthalden oder Endkippen gefahren, und hierzu setzte man die so genannten Trümmerbahnen ein.

In der Regel waren dies Feld- und Bauloks auf Schmalspur und Kipplorenzüge in 600, 750 oder 900 mm Spurweite. Solcherart Schmalspurbahnen waren schon weit über 100 Jahre bekannt: als Heeresfeld- oder Brigadebahnen beim Militär, als

Während der Präsentation »Sozialistisches Vaterland DDR« im »Museum für Deutsche Geschichte« in Berlin (Unter den Linden) zeigte man auch eine Feldbahnlok von 1896, die 1945 als Trümmerlok in Berlin eingesetzt war.
Foto: Slg. Gottwaldt

Bauzüge auf großflächigen Eisenbahnbaustellen oder im Straßenbau wie z.B. 1934 bei den Autobahnen. Und bereits lange davor gab es sie in Gruben und Bergwerken.

Drei bis vier Loren wurden in der Regel von Hand geschoben, die zusammengestellten Trümmerzüge dann von Dampf- oder Diesellokomotiven gezogen; in einigen Städten oft auch von Traktoren oder ausgedienten Straßenbahnen, sofern eine Oberleitung, die auch noch Strom führte, vorhanden war.

Die Trümmerlok zog die vollbeladenen Lorenzüge zunächst einmal zu den großen Zwischenlagerstellen innerhalb, später auf Schutthalden außerhalb der Stadt. Von beiden wusste man anfangs nicht genau, was damit anfangen? Mulden ausfüllen, in denen vorher einmal Häuser gestanden hatten, konnte man ja – aber eine Dauerlösung war das nicht! Also entwickelte man aus den Schutthalden später die so genannten »Mont Klamotts« oder »Scherbelinos«, von denen es in Berlin gleich mehrere gibt, aber auch in München, Pforzheim, Halle, Leipzig und anderen Städten. Oder man hat beispielsweise versucht, den Städtischen Zoo zu einer anmutigen Hügellandschaft umzuwandeln wie in Hamburg oder man schüttete ein neues Industriegelände auf, wie am Rheinhafen in Karlsruhe geschehen. Die größten Schuttmengen in Hannover hat z.B. das Niedersachsenstadion »schlucken« müssen. Davor aber kam es in der niedersächsischen Landeshauptstadt zu tief greifenden Überlegungen, wie Thomas Grabe schreibt: »*Wer sich heute wundert, daß während des Krieges und unmittelbar danach erwogen worden ist, die Stadt aufzugeben und an anderer Stelle neu zu errichten, kann sich nicht vorstellen, welche Trümmerwüste Hannover am 10. April 1945, dem Tage des Einmarsches der Amerikaner, gewesen ist. Sieben Millionen Kubikmeter Schutt, so wurde damals geschätzt, lagen auf Straßen, Plätzen und Grundstücken verteilt. Bildlich gesehen entsprach dies einem 7 m hohen Trümmerberg von der Größe des gesamten Maschsees. Fachleute meinten, daß – wenn täglich 3.000 Arbeitskräfte zur Verfügung stehen würden – es volle 8 Jahre dauern würde, bis alle Trümmer weggeräumt wären. Ernsthaft wurde darüber nachgedacht, die Trümmer nicht abzufahren, sondern sie lediglich einzuebnen, dann über zu betonieren und darauf neu zu bauen.*« Wenn man letzten Endes von derartigen Plänen Abstand nahm und die Städte doch wieder dort errichtete, wo sie schon vorher standen, so hatte das einen plausiblen Grund: Man konnte auf die Trümmer als Baumaterial nicht verzichten.

Und diese Trümmer lagen reichlich. Auf die wichtigsten Städte bezogen, hatte man folgende Schuttmengen zu räumen:

Berlin	70 Mio m^3
Hamburg	43 Mio m^3
Dresden	42 Mio m^3
Köln	13 Mio m^3
Frankfurt (Main)	12 Mio m^3
Nürnberg	12 Mio m^3
Essen	10 Mio m^3
Düsseldorf	8 Mio m^3
München	8 Mio m^3
Duisburg	7 Mio m^3
Hannover	7 Mio m^3
Stuttgart	7 Mio m^3
Karlsruhe	6 Mio m^3
Kassel	6 Mio m^3
Leipzig	5 Mio m^3

Es gab weitere neun zerstörte Großstädte, in denen jeweils unter 5 Mio m^3 Trümmer beseitigt werden mussten. In ganz Deutschland zählte man insgesamt rund 400 Mio m^3 Trümmerschutt, der

Da half kein Herumreden: Der Staat war nach dem Zweiten Weltkrieg beim Enttrümmern der Städte auf die Mithilfe seiner Bürger angewiesen, wie dieser Aufruf vom Sommer 1946 in Württemberg belegt.
Foto: Generallandesarchiv Karlsruhe

1945 auf Räumung wartete. Um sich diese ungeheure Menge einmal vorstellen zu können, sei auf den Vergleich mit dem Schweizer Gotthard-Eisenbahntunnel hingewiesen: Beim Bau dieses 15 km langen Tunnels, fielen gerade einmal 827.000 m^3 Geröll an, also noch nicht einmal eine Million, wie sie jeweils Hildesheim, Ulm und Wilhelmshaven, an der untersten Skala der Städteliste, aufwiesen. Aber es kam noch ärger.

Neben der Riesenaufgabe, Deutschland wieder frei von Trümmern zu machen, musste dazu parallel bis Ende 1945 die so genannte »Schnellräumung« der wichtigsten Straßen erfolgen. Außerdem erforderte die sorgfältige Trümmerverwertung zunehmende Anstrengungen, weil andere Baustoffquellen am Markt, zumindest anfangs, für den Wiederaufbau und die Instandsetzung der Wohn- und Geschäftshäuser in den Städten, nicht zur Verfügung standen. Mit anderen Worten: Man war auf die »Verarbeitung« der Trümmer und Ruinen einfach angewiesen, koste es was es wolle.

Aufgaben gab es also für die deutschen Trümmerfrauen, die unmittelbar nach dem Kriege fast auf sich selbst angewiesen waren, mehr als genug: Sie fungierten nicht nur als »Steineklopfer«, sondern erfüllten auch ihre Aufgabe als weibliche Lokomotivführer hervorragend, genauso wie sie technische Aufgaben in der Gleisverlegung oder als Kranführerin wahrnehmen mussten. Männer standen anfangs bei der Trümmerräumung kaum zur Verfügung: Sie waren als Soldaten entweder gefallen oder noch in Gefangenschaft.

Auf Grund verlässlicher Zahlen aus Dresden wissen wir, dass hier erst Anfang 1958 die letzte noch betriebene Trümmerbahn eingestellt wurde; in den westdeutschen Städten war dies schon sechs bis acht Jahre früher der Fall. Auch Ostberlin hatte bis Mitte der 50er-Jahre noch seine Trümmerbahn, sogar in Normalspur, die allerdings bald für den Neubau des Prestigeobjekts »Stalinallee« als Baustoffzufuhr eingesetzt wurde. Etwa ab 1953 hatte sich auch hier der Schwerpunkt der Tätigkeiten von der Flächenenttrümmerung, die große, freie Gebiete entstehen ließ, zum Bau neuer Wohn- und Geschäftshäuser verlagert. Eine punktuelle Enttrümmerung dafür lohnte durch die Trümmerbahn schon nicht mehr, hier war der Lkw wirtschaftlicher, zumal ab etwa 1952/1953 Kraftstoff, Reifen und Ersatzteile keine Probleme mehr bereiteten wie früher. Die normalspurige Trümmer- und Baustoffbahn in der Stalinallee war daher die große Ausnahme.

Trümmerfrauen hat es fast überall gegeben, in den Großstädten genauso wie in kleinen Gemeinden mit dem einzigen Unterschied allerdings, dass sie im Osten Deutschlands wesentlich länger tätig waren als in Westdeutschland. Und obwohl heute weit über 55 Jahre seit dem Ende des Krieges vergangen sind und die meisten Trümmerfrauen inzwischen ein hohes Alter erreicht haben – es gibt sie noch!

Im Mai 1998 veröffentlichten die beiden großen Tageszeitungen in Dresden, die »Sächsische Zeitung« und die »Dresdner Neuesten Nachrichten«, einen Aufruf nach der inzwischen fast ausgestorbenen Generation, den Trümmerfrauen von damals. Und siehe da, es meldeten sich zahlreiche. Viele Menschen aus der Umgebung sowie ehemalige Dresdner trugen kleine Informationen, Bilder und Unterlagen, aber auch abendfüllende Berichte aus der Nachkriegszeit vor, die seinerzeit für eine Publikation über die Dresdner Trümmerbahnen und auszugsweise auch für dieses Buch Verwendung fanden.

Wie viele Ruinen und Trümmer aus der Kriegszeit heute noch ein Schattendasein fristen, ist bis auf wenige Ausnahmen nicht bekannt. Bekannt ist hingegen, dass von den mit Trümmerschutt zugeschütteten Großbunkern in Berlin, trotz Begrünung, immer noch Betonreste zu sehen sind – als Mahnung für eine Zeit, die hoffentlich nie wiederkommt.

Und etwas weiteres, inzwischen Vergangenes ist heute festzustellen: Es gibt keine Feldbahnen und somit auch keine Trümmerbahnen mehr. Bis auf wenige Ausnahmen in Museen und als Park-Eisenbahnen ist dieses industrielle, praktische Transportmittel ausgestorben. Der moderne Lkw hat dessen Aufgaben übernommen und Feldbahnen vom internen Beförderungsgeschehen auf Baustellen und dergleichen verdrängt.
Doch haben sich heute überall Museumsbahnvereine und Privatpersonen zusammengefunden, die die inzwischen z.T. mehr als 100 Jahre alten Fahrzeuge pflegen und betriebsfähig unterhalten. So wird auch das Hauptelement dieses Buches nicht in Vergessenheit geraten.

2. Historische Rückblende: Die Zerstörung der deutschen Städte

Über die deutschen Trümmerbahnen zu berichten, bedeutet gleichzeitig, sich über die historischen Hintergründe zu informieren, obwohl gerade die Tatsache, daß zu Kriegsende alles in Trümmern lag, heute erstaunlich vielen Menschen, sogar Schulkindern und jungen Leuten, bekannt war und ist. Der Kenntnisstand vieler Menschen zu diesem Thema ist also vorhanden. Was nicht vorhanden ist und wovon die meisten nichts wissen können: Wie beseitigt man diese Ruinen aller Art

Eines der wenigen Farbbilder zeigt die völlig zertrümmerte Innenstadt von Hannover an der Calenberger Straße mit der Neustädter Johanneskirche. Die Straßen waren im Juli 1946 auf Grund der schon im Vorjahr erfolgten so genannten »Schnellräumung« wieder passierbar. Foto: Archiv des Historischen Museums Hannover

Wir rufen Euch, Männer von Hannover!

Im vorigen Jahre sind Tausende von Männern zwischen 17 und 60 Jahren dem mit Zustimmung aller politischen Parteien, der Allgemeinen Gewerkschaft, der Industrie- und Handelskammer und der Handwerkskammer erlassenen Aufruf, an der Trümmerräumung mitzuhelfen, gefolgt.

Jetzt muß die Trümmerräumung weitergehen, damit aus den Trümmern die für den Wiederaufbau notwendigen Baustoffe, insbesondere die fehlenden Steine, gewonnen werden. In vier Aufräumbezirken stehen Maschinen, Geräte, sonstige Anlagen und die Stammarbeiter bereit. Es fehlen die Hilfskräfte!

Du fehlst noch!
Willst Du warten, bis man Dich holt?

Zeige durch die Tat, daß Du am Aufbau unserer Stadt und damit des demokratischen Lebens mithelfen willst.

Zögere nun nicht mehr! Melde Dich sofort!

Wer sich freiwillig für 5 Tage beim Arbeitsamt, Nikolaistr. 7, für die Trümmerräumung meldet, bekommt von der Stadt nicht nur eine Urkunde über seine erfüllte Ehrenpflicht, sondern auch eine Lebensmittelzulage. Gehalt und Lohn werden von den Betrieben weiter gezahlt und den Betrieben auf Antrag erstattet. Wer nicht in einem Arbeitsverhältnis steht, erhält den tariflichen Lohn, der für die Aufräumungsarbeiten zu zahlen ist. Arbeitskleider und Arbeitsschuhe werden auf Wunsch für die Dauer des Arbeitseinsatzes zur Verfügung gestellt.

Hannover wartet auf Deine Hilfe!

Hannover, den 23. Mai 1947.

RAT DER HAUPTSTADT HANNOVER.

Berlin: Trümmerfrauen bei ihrer Arbeit 1946 im Bezirk Mitte. Im Hintergrund ist der zum Teil zerstörte Turm des Rathauses am Alexanderplatz zu erkennen.
Foto: Landesarchiv Berlin

und Riesenmengen von Trümmern, wie kann man den Schutt sinnvoll und wirtschaftlich einer neuen Nutzung zuführen? Dazu ist erst einmal ein historischer Rückblick notwendig.

Viele deutsche Städte wurden in den 30er-Jahren zwar durch die neuen Machthaber auch einigen Veränderungen unterworfen, im Großen und Ganzen aber waren die Stadtbilder durch jahrelange Restaurierung und Instandhaltung in einem baulich guten Zustand. Dem modernen Individualverkehr entsprechend waren die Straßen erstklassig ausgebaut. Die neuen Reichs-Autobahnen, wie sie damals genannt wurden, waren ein Prestige- und Vorzeigeobjekt. Und auch der übrige Öffentliche Personenverkehr, erinnert sei nur an die sehr gut ausgebaute S- und U-Bahn in Berlin oder die Hauptstrecken der Deutschen Reichsbahn, konnten sich sehen lassen. In diese baulich intakte Welt brach 1939 der Krieg ein. Nur wenige Jahre später war von den intakten Baulichkeiten in Deutschland nichts mehr übrig geblieben.

Auch in Niedersachsen riefen die Stadtverwaltungen, wie am 23. Mai 1947 in Hannover, zur Mitarbeit bei der Trümmerbeseitigung auf. Bemerkenswert ist, dass hier jedoch ausschließlich Männer angesprochen wurden.
Foto: Archiv des Historischen Museums Hannover

Denn die andere Seite schlief nicht: Schon 1942, also lange vor den großen Tagesbomberangriffen der Alliierten, legte der wissenschaftliche Berater des britischen War Cabinets, Frederik Lindemann, ein von ihm verfasstes Geheimdokument vor, in dem eine Verschärfung des vorher nur sporadisch geführten Luftkrieges gegen Deutschland dargelegt wurde. Diese Ausführungen bedeuteten laut Werner Girbigs »Im Anflug auf die Reichshauptstadt« nichts weiter, als die bewusste Vernichtung der deutschen Städte. Aus Lindemanns Dokument geht deutlich hervor, wie man sich die gründliche und schnelle Zerschlagung Deutschlands aus der Luft vorzustellen habe – durch hauptsächlich gegen die Wohnviertel gerichtete Bombenangriffe. Da Lindemann im War Cabinet einen großen Einfluss besaß, fiel es ihm nicht schwer, die Royal Air Force (RAF) und sogar Winston Churchill von seiner Theorie zu überzeugen. Charles Portal, der Chef des Luftwaffenstabes, stellte sich hinter Lindemanns Ausführungen. In dieser Situation übernahm am 22. Februar 1942 Air Marshal Arthur Harris, später bekannt als »Bomber-Harris«, den Oberfehl über das

Völlig unklar ist bis heute, warum auch kriegsunwichtige Städte so total, wie hier die Kurstadt Freudenstadt im Schwarzwald, bombardiert wurden. Die einzig mögliche Erklärung könnte sein, dass sie mit dem ca. 30 km entfernten Industriegebiet von Schramberg/Oberndorf (Mauser-Werke, Junghans) verwechselt wurde.
Foto: Generallandesarchiv Karlsruhe

britische Bomber-Kommando. Seine Anweisungen zur schonungslosen Durchführung der nächtlichen Bomberangriffe auf deutsche Städte, zu sich immer mehr steigernden Flächenbombardierungen, führten zur Einäscherung ganzer Wohnviertel mittels Brand- und Phosphorbomben. Die von Harris und Lindemann ausgearbeitete Technik der Flächenbombardierungen in großem Umfange wurde erstmals bei dem britischen Nachtangriff auf Lübeck am 28. März 1942 umgesetzt. Ihm folgte ein vom 24. bis 27. April in vier Nächten durchgeführter Vernichtungsschlag auf Rostock. Und in der Nacht vom 30. zum 31. Mai erlebte Deutschland den ersten »1000-Bomber-Angriff« der RAF: Harris schickte in dieser Nacht alle verfügbaren Maschinen, sogar Schulflugzeuge, nach Köln und bombte innerhalb von eineinhalb Stunden die Altstadt der Rheinmetropole in Schutt und Asche. Von den 1.000 Bombern wurden durch Flak und Abfangjäger lediglich 39 Flugzeuge abgeschossen – also nicht einmal 4 % der eingesetzten Maschinen.

Inzwischen trafen in Großbritannien die ersten, schon 1941 in den USA aufgestellten Einheiten der amerikanischen 8. Luftflotte auf den ihnen zugewiesenen Flugplätzen in Südost-England ein. Ihr Befehlshaber war der energische Luftwaffen-General Carl A. Spaatz, der unverzüglich daranging, eine schlagkräftige Bomberarmada gegen Deutschland aufzubauen. Die Amerikaner setzten hierbei auch ein neues viermotoriges Kampfflugzeug vom Typ Boeing B-17, genannt »Flying Fortress« (»Fliegende Festung«), für den Bombenkrieg ein. Die Maschine war, im Gegensatz zu den schweren Bombern der Engländer, ausschließlich für den Tageseinsatz vorgesehen.

Durch diese Konzeption war nun die Möglichkeit gegeben, Deutschland sowohl bei Tage durch die USA-Verbände, als auch in der darauf folgenden Nacht durch englische Maschinen anzugreifen. Und es bestand noch ein Unterschied, zumindest anfangs: Die Amerikaner waren mehr für die Zerschlagung der Industrie und Fabriken, der Wirtschaft, U-Boot-Bunker und Verkehrsknotenpunkte zuständig, England hingegen konzentrierte sich vorzugsweise auf Städte, Häuser und Wohnviertel. Die Amerikaner lehnten es ab, Flächenbombardierungen im Sinne der RAF durchzuführen. Da es zwischen ihnen und den Briten in Bezug auf die Angriffe gegen Deutschland immer wieder zu Kontroversen kam, fiel während der Casablanca-Konferenz im Januar 1943 die Entscheidung, dass die US Army Air

Großbrand in Bockenheim während des Luftangriffs auf Frankfurt (Main) am 8. Februar 1944.
Foto: Institut für Stadtgeschichte, Frankfurt (Main)

Force (USAAF) bei Tage und die englische RAF nachts ihre Einsätze fliegen. Dies änderte sich mit wenigen Ausnahmen, wie Girbig betont, praktisch bis zum Kriegsende nicht mehr.

Als die Engländer in der Nacht zum 18. Januar 1943 nach Deutschland einflogen, herrschte kein gutes Wetter. Von den 187 gestarteten Maschinen trafen über dem Berliner Raum nur 111 ein und es schien sich eine intensive Abwehr aufzubauen, jedenfalls nicht so gering wie 1942. Grellgelb explodierten Granaten zwischen den britischen Formationen: Plötzlich standen zwei Lancaster als glühende Feuerbälle am Berliner Nachthimmel. Eine der Lancaster war unverkennbar ein Pfadfinder, denn aus dem brennenden Rumpf zischten nach allen Seiten explodierende grüne und rote Markierungsbomben. Doch trotzdem begann kurz nach dem Absturz der riesigen Maschine der Bombenwurf der übrigen Verbände auf das Berliner Villenviertel in Dahlem und den Bezirk Tempelhof. Im Norden Berlins, in Tegel, trafen Bomben neben den Wohnhäusern auch Teile der Borsig-Werke. Nach 45 Minuten drehten die Engländer gegen 21.15 Uhr Richtung Heimat ab, aber erst über eine Stunde später beendete Berlin den Alarm. 22 britische Maschinen des Angriffsverbandes, das sind immerhin 19,9 %, kehrten nicht mehr zu ihrem Stützpunkt zurück. Dieser Verlust erschien Harris zu hoch und da bereits Vorbereitungen für groß angelegte Bombenangriffe gegen andere deutsche Städte getroffen waren, setzte Harris weitere Einsätze gegen Berlin fürs erste und ausdrücklich vorläufig aus.

Jetzt waren zunächst die Amerikaner dran. Ihr erstes Luftbombardement gegen Deutschland erlebten die Fortress-Besatzungen am 27. Januar 1943 über dem Marine-Stützpunkt Wilhelmshaven – als Tagesangriff, wie das vereinbart war.

Der 2. Februar 1943 markiert den Wendepunkt des Zweiten Weltkrieges, denn an diesem Tage kapitulierte die 6. Armee in Stalingrad und von jetzt an zog sich Deutschland aus allen eroberten Gebieten schrittweise zurück. Gleichzeitig wurde der Luftkrieg verschärft und die Zerstörung der deutschen Städte übertraf in den folgenden zwei Jahren die schlimmsten Vorstellungen. Millionen Menschen sollten noch sterben. An unzähligen Stellen im ganzen Deutschen Reich begann man mit der Aushebung von Splittergräben und dem Bau von Luftschutzräumen. Außerdem wurden in Berlin drei große Bunker gebaut – die Flakbunker Humboldthain, Friedrichshain und Zoo, der sogar als Befehlsstand der 1. Flakdivision fungierte. Beim Enttrümmern Anfang der 50er-Jahre sollten diese Betonungetüme enorme Probleme bereiten. Noch heute, fast 60 Jahre später, sind Teile der gigantischen Bauwerke nicht ganz verschwunden.

In der Nacht des 2. März 1943 wurde in Berlin ein Werk von Telefunken schwer getroffen. Dies war kein Zufall sondern Absicht: Deutsche Techniker hatten nämlich am 3. Februar 1943 bei Rotterdam aus einem abgeschossenen Bomber ein neuartiges englisches Ortungsgerät ausgebaut, das so genannte »H2S-Infrarotradar«, das einen Bombenabwurf ohne Sicht ermöglichte. Das Gerät wurde ins Berliner Telefunken-Werk überführt und sollte hier untersucht werden. Die Arbeiten waren fast abgeschlossen, als dann der schwere Angriff der RAF am 2. März erfolgte. Diesmal hatte es also nicht geklappt, aber die Deutschen lernten die neuartige Radartechnik trotzdem kennen: Kurz darauf fiel ihnen wieder ein solches Gerät in die Hände und diesmal brachte man es vorsorglich zu einem der drei großen Flakbunker in Berlin, wo die Funkmesstechniker zwei Monate später das Geheimnis des erbeuteten englischen Ortungssystems lüfteten.

Die deutsche Abwehr verzeichnete am 2. März 1943 den Abschuss von 17 britischen Bombern. Mit Beginn des März erfolgte auch die Einführung eines zusätzlichen Alarmzeichens: Drei kurz hintereinanderfolgende Sirenen-Dauertöne verkündeten etwa fünf Minuten nach Luftgefahrstufe 15 eine Öffentliche Luftwarnung. Falls die angreifenden Flugzeuge nicht vorher abdrehten, folgte dem Voralarm 10 bis 15 Minuten später der Vollalarm. »Öffentliche Luftwarnung« wurde in Berlin zum ersten Mal am 2. März 1943, also bei dem genannten Angriff auf Telefunken um 17.00 Uhr, gegeben.

Am 27. März warfen 329 Bomber der RAF insgesamt 449 t Sprengbomben und etwa die gleiche Menge Brandbomben über Berlin ab. Der ungefähr zwei Stunden dauernde Angriff traf nahezu alle Stadtbezirke schwer. Nur neun Maschinen des Kommandos konnten abgeschossen werden. In der Nacht vom 29. zum 30. März 1943 waren die Briten erneut über der Spree. Bei sehr schlechtem Wetter flogen die Bomber in weit auseinander gerissenen Formationen die Stadt an, aber noch vor Erreichen ihres Zieles brachen mehrere Einheiten wegen Vereisung und Blockierung der Bombenschächte ihren Anflug ab und kehrten nach Großbritannien zurück. Die Geschlossenheit des Bomberpulks war somit dahin. Von den 329 in England gestarteten Kampfflugzeugen führten nur 234 den Angriff über Berlin durch. Obendrein wurden 21 Maschinen, das sind 9 %, abgeschossen. Allein im März 1943 verzeichnete Berlin auf Grund der britischen Angriffe über 700 Luftkriegstote. Nach diesen drei März-Angriffen der RAF und mit kürzer werdenden Nächten unterbrach Harris seine Einsatzkampagne gegen Berlin und wendete sich der »Schlacht an der Ruhr« zu.

Sie war laut Werner Girbig von einer bisher nicht gekannten Angriffsstärke gezeichnet. Das Ruhrgebiet musste vom 5. März bis 29. Juni 1943 26 Großangriffe über sich ergehen lassen. Daneben richtete die RAF in diesem Zeitraum weitere Angriffe gegen Wilhelmshaven, das schon 1942 bombardiert wurde, aber auch gegen Hamburg, Bremen und Kiel. Darüber hinaus wurden München, Frankfurt (Main), Stuttgart und Mannheim angegriffen. Doch nicht bei allen Angriffen war das Ziel sofort erkennbar. Manchmal herrschte ein richtiges Chaos: Mit noch unbekanntem Ziel flog in der Nacht des 14. Mai ein größerer britischer Bomber-Verband nach Deutschland ein. Als die Verbände über das Ruhrgebiet hinausstießen, rechnete man zunächst mit einem Angriff auf Berlin. Kurz nach Mitternacht wurde hier Alarm ausgelöst. Noch war das letzte Sirenengeheul nicht verklungen, als auch schon ein heftiger Flakbeschuss einsetzte. Augenscheinlich war die Luftwarnung für Berlin zu spät rausgegangen, wie überhaupt starke Zweifel herrschten, wohin denn die Bomberverbände fliegen sollten. Jedenfalls sollen rund 150 Maschinen durch den dichten

Sperrriegel der Flak vor der Stadt zum Abdrehen gezwungen worden sein.

Vielleicht handelte es sich auch um einen Scheinangriff der RAF, die dann kurz vor Berlin die Verbände wieder umschwenken ließ, um das Ruhrgebiet von Nordwesten anfliegen zu können. Sicher ist nur, dass in dieser Nacht letztlich nur einige wenige Maschinen nach Berlin durchkamen und ein paar Häuser in Lichtenrade und Steglitz mit Bomben bewarfen.

Am 28. Juli 1943 sah es so aus, als ob das Herannahen eines schweren Kampfverbandes der Amerikaner wieder Berlin galt. Die gemeldeten Pulks gehörten zur 8. Luftflotte. Im Raum Magdeburg jedoch schwenkten die Maschinen in einem spitzen Winkel von ihrem bisherigen Kurs ab und flogen nach Südwesten, in Richtung Harz. Ihr Ziel waren letztlich die Werke der Flugzeugindustrie in Oschersleben und Kassel. Und so ging es fort: Scheinangriffe und Fehlanflüge stifteten immer wieder neue Verwirrung und zerschlugen die systematischen Abwehrvorbereitungen der Deutschen, sodass die Abschussquoten selten mehr als zehn Prozent erreichten.

Für England und Amerika war das ein Zeichen, dass sie mit ihrem Konzept des wechselweisen Angriffs während der Tag- und Nachtstunden richtig lagen. Aber die schlimmsten Angriffe standen noch bevor: Der erste »wirkliche Untergang« einer deutschen Stadt vollzog sich am 25. Juli 1943, als mehrere fürchterliche Luftangriffe die Stadt Hamburg heimsuchten. Durch systematische Ausschaltung der deutschen Nachtjagd- und Flakabwehr mittels tonnenweise abgeworfener Aluminiumstreifen und damit Lahmlegung der deutschen Radargeräte gelang es den Bombern, die norddeutsche Hansestadt mit großer Präzision anzugreifen und fast einzuäschern.

Die etwa ein Jahr andauernde, besonders starke Einsatzaktivität der RAF erreichte 1943 drei Höhepunkte: Zunächst leitete das Bomber Command die »Schlacht um die Ruhr« ein, die etwa bis Juli andauerte. Zu diesen Unternehmen, bei denen das Funkmessgerät »Oboe« eine entscheidende Rolle spielte, zählten auch die Angriffe auf die deutschen Talsperren.

Den zweiten Höhepunkt markierten im Juli 1943 die verheerenden Massenangriffe auf Hamburg. Und Nummer drei war im November die »Schlacht um Berlin«. Sie wurde im März 1944 von Harris mehr oder weniger ergebnislos abgebrochen, da die Verluste bei den viermotorigen Bombern zu groß waren.

Als im Verlauf des Jahres 1943 auch die Bomberverbände der Amerikaner in steigendem Maße in das Luftkriegsgeschehen über Deutschland eingriffen, entwickelte sich daraus, wie Girbig schreibt, die »Kombinierte Bomberoffensive«: Während das Bomber Command der Briten zur Nachtzeit angriff, schlug die 8. Luftflotte der Amerikaner bei Tage zu.

Im Frühjahr 1944 besaß das britische Bomber-Kommando rund 1.400 einsatzbereite Maschinen, davon die Mehrzahl viermotorig. Nach der »Schlacht um Berlin« trafen alle alliierten Luftflotten in England Vorbereitungen zur bevorstehenden Invasion in Frankreich, sodass schwere Bomberangriffe auf Deutschland zu dieser Zeit unterbleiben mussten. Erst nach der erfolgreichen Landung in Frankreich nahmen die Briten etwa Ende des Sommers 1944 ihre Angriffe in voller Stärke wieder auf. Wichtigste Ziele, neben den Flächenbombardements auf Städte und Wohngebiete, waren für die Engländer nun auch Hydrierwerke und Transporteinrichtungen. Gegen Ende des Krieges steigerten sich die Tages- und Nachtangriffe gegen Deutschland zu fast unvorstellbaren Ausmaßen. Hierbei traten besonders die Einsätze gegen die Viadukte von Bielefeld und Arnsberg und die Großangriffe auf Essen und Dortmund in Erscheinung sowie im Februar 1945 die Bombardierung von Dresden. Da es in der sächsischen Metropole kaum kriegswichtige Objekte zu verteidigen gab, war die Flakartillerie ins Ruhrgebiet abgezogen worden. Aus diesem Grunde hatten die alliierten Bomber leichtes Spiel. In der Nacht vom 13. zum 14. Februar 1945 begannen die Angriffe: Die erste Welle verwandelte das Wohngebiet um die Dresdner Altstadt in ein

Der heute 72-jährige Eugen Schindel, der als 15-Jähriger die Katastrophe von Dresden erlebte, in seinem Haus in Bad Herrenalb. Foto: Scherff

Flammenmeer. Die zweite Welle verhinderte mit den Sprengbomben das Löschen, sodass zahlreiche Einwohner der Stadt vom Feuersturm erfasst wurden. Eine dritte Gruppe »Fliegender Festungen« war den noch unversehrten Stadtteilen zugedacht, und schließlich griff der Begleitschutz der Bomber mit Bordwaffen die Flüchtlingsmassen an. Nach dem Angriff auf Dresden war das Chaos in der Stadt vollkommen. Die öffentlichen Dienste arbeiteten nicht mehr. Tagelang mussten auf Schienenrosten die Leichen der Opfer verbrannt werden. Da die Flüchtlingsmassen und die Zahl der Verwundeten in den vielen Lazaretten nirgends registriert waren, lässt sich bis heute auch die Anzahl der Bombentoten nicht mit Sicherheit feststellen.

Eugen Schindel hat den Angriff auf Dresden überlebt: *»Ich wurde am 5. Mai 1930 als dritter Sohn des Landwirtes Karl Schindel in Domanin, Kreis Turek, im Warthegau geboren. Der Ort liegt etwa zwischen Lodz und Poznan, also in Zentral-Polen. Industrie gab es in meiner Heimat kaum; Haupteinnahmequelle war die Landwirtschaft. Meine Brüder und ich besuchten die polnische Volksschule in Dambie (deutsch: Eichstädt). In dieser Schule waren Polen, Deutsche und Juden klassenweise miteinander untergebracht. Die Unterrichtssprache war polnisch. In Religion wurden wir von deutschen Lehrern unterrichtet. Zu Hause wurde Deutsch und Polnisch gesprochen. Die Zusammenarbeit mit den auf unserem Hof angestellten Polen war ordentlich und ohne Hass.*

Am 1. September 1939 wäre nach den langen Sommerferien wieder Schulanfang gewesen. Zu unserer Bestürzung aber wurde der Kriegsausbruch zwischen Deutschland und Polen bekannt gegeben. Die Schulen blieben daher zunächst geschlossen. Später, während der nun folgenden Besatzungszeit durch die Deutschen, wurde der Schulbetrieb in Polen dann nur noch in einklassigen deutschen Schulen durch deutsche Lehrer fortgesetzt.

1945 rückte die Front bis auf 20 km an uns heran: Die Straßen waren mit Militärfahrzeugen und flüchtender Zivilbevölkerung total verstopft. Auch wir sollten flüchten. Wir erfuhren, dass wir uns in der Heimschule Ostrowo sammeln sollten. Von dort ging es nach Posen. Aus meiner Schule war ein Trupp von 15 Jungen übrig geblieben. Von Posen ging es in einem über- füllten Güterzug weiter nach Dahme südlich von Berlin. Hier erfuhren wir, dass sich unsere Schule in Stralsund an der Ostsee sammeln sollte. In Stralsund angekommen, erfuhren wir durch ein Telegramm, dass wir irrtümlicherweise nicht an die Ostsee, sondern nach Dresden eingeteilt waren. Also fuhren wir den ganzen Weg wieder zurück. In Berlin sahen wir zum ersten Mal, wie schwer eine Stadt durch Bombenangriffe beschädigt worden war. Bisher war uns das nur durch den Rundfunk und die Zeitungen bekannt. Von Berlin aus fuhren wir über Halle und Leipzig weiter. Auch hier: schwerste Zerstörungen. Ich konnte im Stillen nur denken: »Hoffentlich müssen wir nicht auch solches erleben.« Als wir in Dresden ankamen, staunten wir nicht schlecht – hier war nichts kaputt. Wir fragten einen Dresdner, ob es hier keine Bombenangriffe gegeben habe? Er verneinte und fügte hinzu:

»Dresden ist von den Alliierten zur Freien Stadt erklärt worden. Im Übrigen ist Dresden voller Lazarette und mit Flüchtlingen überfüllt. Darum wird es auch nicht angegriffen.« Na, das war ein guter Trost für uns, nach dem, was wir schon gesehen hatten. In den für uns vorgesehenen zwei Schulen – Pestalozzi und Ehrliches Gestift – konnten wir nicht aufgenommen werden. Man brachte uns in einer Schule in der Nähe des Hauptbahnhofs unter. Wir waren noch zehn Mann. Unterricht hatten wir keinen. Unsere Verpflegung holten wir uns am Hauptbahnhof ab. Da wir sonst nichts zu tun hatten, konnten wir uns kreuz und quer die herrliche Stadt ansehen. So gingen wir auch oft in den Zoo, der in seiner Größe und Vielfalt einmalig war. Auch den Zirkus Sarrasani besuchten wir, der immer noch Vorstellungen gab. Das ging zehn Tage lang so, bis in der Nacht vom 13. auf den 14. Februar auf einmal die Sirenen heulten. Niemand dachte an etwas Ernstes oder an Gefahr, weil Dresden ja von den Alliierten zur Freien Stadt erklärt worden war und deshalb nicht bombardiert werden durfte.

Trotzdem mussten wir in den Luftschutzkeller. Die Schule war ein fünfgeschossiges Eckhaus mit einem rechten und einem linken Flügel, wir sollten in den rechten. Gleich darauf mussten wir diesen für die Luftschutzbereitschaft aber wieder räumen und in den linken überwechseln. Hier waren hauptsächlich Frauen und Kinder untergebracht. Jetzt heulten die Sirenen Vollalarm und jeder wusste, dass Dresden nun tatsächlich von feindlichen Flugzeugen angeflogen wurde. Alle blieben jedoch ruhig im Keller und wir konnten sogar das Brummen der Flugzeuge hören. Wir bemerkten nur ein paar kleine Erschütterungen – dann war es wieder still. Wir konnten ja nicht wissen, was da oben los war. Durch die Männer von der Feuerwehr erfuhren wir, dass eine große Anzahl von Bombern in Wellen über die Stadt geflogen war und Spreng- und Phosphorbomben nur so auf Dresden herabregneten. Die Männer von der Brandwache hätten die Brandbomben weggeräumt und zu Dutzenden in den Schulhof geworfen. Sie könnten aber nicht sagen, ob der Dachstuhl nicht doch Feuer gefangen habe. Die Brandwache erzählte uns weiter, dass über der Stadt unzählige Leuchtfallschirme hingen und Dresden dadurch hell erleuchtet sei. Wir alle konnten nur ahnen, dass uns nun doch Schlimmes bevorstand. Erneut hörten wir Flugzeuge brummen und schon heulte und krachte es wieder. Häuser bebten, die Erde zitterte, Kinder schrien und die Mütter weinten.

Bei jedem Heulen der Bomben schrien sie: »Jetzt trifft´s uns!« Gleich darauf tat es einen Schlag und ein Krachen. Der Luftdruck presste uns auf eine Seite. Die Kellertür war herausgedrückt worden, das Licht war weg. Panik brach aus und alles drängte zum Ausgang. Im Freien – die Hölle: Wir waren von Sturm, Hitze, Rauch und Flammen umgeben. Ich lief geradewegs zur Turnhalle. Hier war eine Leiter an die Mauer gelehnt, diese kletterte ich empor und wollte auf die andere Seite. Doch drüben sah ich nur ein Flammenmeer, ich kam gleich wieder runter. Ein Schulkamerad gesellte sich zu mir, und wir blieben von nun an zusammen. Ständig hörten wir Hilferufe. Menschen irrten, wie Fackeln brennend, im Schulhof umher. Es war ein Bild des Grauens! Und das Schrecklichste: Einer konnte dem Anderen nicht helfen. Jeder hatte mit sich selbst zu tun. Immer wieder hörten wir: »Rette sich wer kann!« Die Funken flogen so stark, dass unsere Kleider angesengt wurden und wir die Augen mehr schließen mussten als dass wir sie offen halten konnten.

Ich stieß an eine rumliegende Badewanne. Wir kippten sie um und krochen darunter, um uns vor dem Feuer, der Hitze und dem Rauch zu schützen. Wir versuchten, mit den Händen von innen den Sand unseres Schulhofes in die Ritzen zu drücken, denn überall flogen die Funken herein. Etwa zwei Stunden später wurde die Wanne zu heiß und wir krochen wieder hervor. Es war eine fast aussichtslose Situation: Durch die Hitze und den Sturm schwankten die Mauern hin und her, immer wieder stürzte eine ein. Wir beschlossen, eine einsturzfreie Stelle auf der anderen Straßenseite zu erreichen. Da der rechte Flügel unseres Schulhauses

Welche Probleme die Verkehrsbetriebe auf Grund des Bombenkrieges über Deutschland hatten, zeigt dieses Bild des völlig zerstörten Straßenbahndepots in der Vahrenwalder Straße in Hannover. Über 70 % der Fahrzeuge waren nur noch Schrott. Foto: Historisches Museum Hannover

von einem Volltreffer dem Erdboden gleichgemacht worden war, wollten wir es wagen, hinüber zur Tankstelle zu kommen, wo keine Einsturzgefahr bestand. Klaus und ich liefen auf das Schulhoftor zu. Hier stand alles in Flammen. Aber wir kamen durch. Der Asphalt war ganz weich geworden durch die enorme Hitze, die hier herrschte, aber wir sanken nicht ein. Immer wieder trafen wir auf einzelne Menschen, die in der unerträglichen Wärme wie trunken umherirrten. Auch explodierten von Zeit zu Zeit weitere Bomben und rissen Asphaltstücke, Schutt und Staub mit hoch. Mein Mund war schon ganz trocken, der Durst wurde immer größer.

Gegen Morgen fing es ganz leicht an zu regnen, mit herausgestreckter Zunge konnte ich einige Regentropfen erwischen. Weitere Explosionen ließen die Erde erzittern und Mauern einstürzen – Reste von Häusern, die schon keine mehr waren. Aus der Ferne hörten wir jetzt eine Stimme, die immer näher kam. Sie gehörte zu einem Mann, der sich an einer eingestürzten Ruine zu schaffen machte, wo er Steinbrocken vom Kellereingang wegräumte. Im Keller befand sich seine 19-jährige Tochter. Der Mann befreite sie und kam mit seiner Tochter am Arm auf uns zu. Er sagte uns, wer aus der brennenden Stadt herauskommen wolle, sollte sich ihm anschließen. Während andere Menschen noch zögerten, sprangen Klaus und ich sofort auf und folgten ihm. Schon stolperten, krochen und kletterten wir über Schutt, Rohren, Maschinenteile, Minentrichter, Leitungen und Menschenleibern – immer vorwärts, dem Manne folgend.

Bald waren wir am Hauptbahnhof angelangt. Dresden war immer noch in Rauch und Asche gehüllt und lag grau in grau da, aber der Hauptbahnhof war hell erleuchtet – durch brennende Personenzüge und glühende Güterwagen, die mit Kohlen beladen waren. Die Züge glichen einer großen, glühenden Kette. Hier war nichts zu erhoffen, deshalb strebten wir am Hauptbahnhof vorbei und bewegten uns in Richtung Kleinnaundorf. Erst außerhalb der Innenstadt sahen wir wieder intakte Häuser in einem Villenviertel. Erst jetzt stellten wir fest, dass unsere Augen immer schlechter wurden; sie brannten so stark, dass wir fast nichts mehr sehen konnten. Jedenfalls konnten mein Freund Klaus und ich in einem kleinen bäuerlichen Anwesen am Ortseingang von Kleinnaundorf unterkommen. Wir wuschen uns, vor allem spülten wir mit kaltem Wasser unsere Augen, aßen etwas und schliefen dann fast 24 Stunden lang. Danach waren wir so einigermaßen wieder hergestellt und unser Augenlicht war wieder normal.

In Freital bei Dresden wurden wir später aus so genannten Volksopferbeständen neu eingekleidet, weil unsere eigenen Sachen durch Feuer und Funken nur noch Lumpen waren. Zweimal noch besuchten wir das zerstörte Dresden: Am Hauptbahnhof waren tote Menschen in Reihen bis zu 1,50 m Höhe aufgeschichtet, soweit das Auge reichte. Uns trieb es weiter zu unserer Unterkunft in der Stadtmitte. Wir wollten gern wissen, was aus unserer Wanne geworden war, die uns ja das Leben gerettet hatte. Mit Erschrecken stellten wir fest, dass sie unter der eingestürzten Mauer begraben worden war.

Trotz intensiver Nachforschungen konnten wir von den acht Kameraden, die mit uns nach Dresden kamen, nichts in Erfahrung bringen. Sie sind wahrscheinlich im Bombenhagel umgekommen, denn wir haben nie wieder etwas von ihnen gehört.«

Die Menschenverluste der Angriffe auf Dresden können nicht exakt angegeben werden. Allein etwa 60.000 bis 80.0000 Dresdner verloren in dieser ersten Nacht der Bombenangriffe ihr Leben; über die Anzahl der Verwundeten und vermissten Flüchtlinge liegen keine genauen Angaben vor. Die zerstörte Fläche maß etwa 7 x 5 km. Am 15. Februar morgens gegen 10 Uhr brach die ausgeglühte Kuppel der Frauenkirche zusammen – Dresden hatte damit sein Wahrzeichen verloren.

Die weiteren Angriffe am 15. Februar, 2. März und 17. April 1945 führten zu weiteren schweren Verlusten unter der Zivilbevölkerung, den Flüchtlingen aus den Ostgebieten und den Angehörigen der Wehrmacht. Insgesamt kamen bei den Angriffen auf die sächsische Landeshauptstadt kurz vor Ende des Krieges zwischen 300.000 und 400.000 Menschen um. Girbig gibt als Gesamtzahl 410.000 Luftkriegstote für ganz Deutschland an, wobei aber die Zahl der Wehrmachtsangehörigen nicht berücksichtigt wurden, die als Bombenopfer in Deutschland fielen und natürlich auch nicht die nach Millionen zählenden, sich während der letzten Kriegsmonate im »Altreich« schon angesammelten Flüchtlinge aus den ehemaligen Ostgebieten, von denen sich allein in Dresden während der Angriffe rd. 400.000 bis 700.000 Menschen aufgehalten haben sollen. In Dresden wurden übrigens militärische Einrichtungen kaum beschädigt. Die Wucht der Bombenangriffe richtete sich gegen die dichtbebaute Innenstadt und die wertvollen Kulturgüter. Die Angriffe auf Dresden und andere deutsche Großstädte sollten vor allem die Zivilbevölkerung treffen und demoralisieren, so der Plan der Alliierten.

In den letzten Kriegswochen wurde Dresden wegen der sich nähernden Roten Armee zur Festung erklärt. Der Verkehr zwischen Alt- und Neustadt kam völlig zum Erliegen, nachdem, noch von den Deutschen, die fünf innerstädtischen Elbbrücken gesprengt wurden. Am 7. und 8. Mai 1945 wurde Dresden bei nur noch geringem deutschem Widerstand von den Sowjets eingenommen.

Heute muss klar und eindeutig festgestellt werden, dass der alliierte Bombenkrieg gegen die deutsche Zivilbevölkerung das Gegenteil seines Zweckes bewirkte: Man hatte gehofft, die Moral des deutschen Volkes zu erschüttern, in Wirklichkeit wurde sie nur gestärkt. Selbst Harris musste nach dem Kriege feststellen: »Unsere Auffassung, wir könnten mit unseren Bombardements die Moral des Feindes brechen, erwies sich als unsinnig!«

3. Neuanfang mit schlechten Voraussetzungen: Ohne Strom, Gas und Ersatzteile

Als eine erstaunliche Tatsache – noch heute – ist zu bewerten, mit welcher Energie die deutsche Bevölkerung nach dem Zweiten Weltkrieg an den Wiederaufbau heranging. Es war jene Zeit, als die »Trümmerfrauen« zu einem Begriff wurden, obwohl vielen, das trat bei den Recherchen zu diesem Buch immer wieder zu Tage, beim trostlosen Anblick ihrer zerstörten Städte so zu sagen »das Herz in die Hose rutschte«. Doch von einem ungeheuren Lebensmut besessen, packten sie an. Es hört sich heute theatralisch an, aber 1945 dachte man tatsächlich so: »Es darf nicht alles umsonst gewesen sein. Wir müssen es wieder aufbauen.«

Vielleicht ist es genauso bezeichnend, dass während der Berliner Blockade 1948/1949 nicht wenige der während des Bombenkrieges eingesetzten alliierten Flieger jetzt ihr Leben wagten, und mehr als 50 sogar ihr Leben gaben, um über die Luftbrücke Berlin Deutsche, die ehemaligen »Feinde« also, vor dem Verhungern und vor politischen Angriffen zu schützen.

Dabei gab es zu dieser Zeit durchaus auch andere Meinungen, wie der amerikanische GI Tony Vaccaro in seinem »Entering Germany« festhielt: *»Ich hatte Angst, daß die Deutschen in den Untergrund gehen und uns aus dem Hinterhalt überfallen würden. Meine Einheit war aus der sowjetischen Besatzungszone in das Gebiet westlich der Elbe zurückverlegt worden und übernahm hier die Verwaltung des Landes und der Stadt Braunschweig. Im Krieg war ich so sehr damit beschäftigt gewesen, meine Haut zu retten, daß ich die ausgebombten deutschen Städte gar nicht richtig wahrgenommen hatte. Jetzt aber hatte ich eine Rolleiflex-Kamera und Zeit, die zerstörte Stadt zu fotografieren. Braunschweig war eine einzige Ruinen-Landschaft. Ich kam im Laufe der Zeit immer mehr ins Grübeln. Vor dem Krieg hatten hier etwa 200.000 Menschen gelebt, in einer schönen alten Stadt mit ca. 16.000 Häusern. Die RAF und unsere 8. amerikanische Luftflotte hatten sie jedoch nahezu dem Erdboden gleichgemacht. Nur etwa 3.000 Häuser hatten die Bombardierungen überstanden. Viele unschuldige Menschen verlo-*

Das Gelände des weltberühmten Café Kröpcke an der Georgstraße in Hannover im Sommer 1946 und zur ersten Messe ein Jahr später: Für die Besucher stand das Café jetzt zumindest als Baracke bereit. Im Hintergrund ist das beschädigte Opernhaus zu sehen. Fotos: Historisches Museum Hannover

ren unter diesen Ruinen ihr Leben. Mir wurde mit einem Male bewußt, daß ich keine pittoresken Ruinen fotografierte, sondern einen gewaltigen, häßlichen Friedhof mit Trümmern als Grabsteinen.«

In Dresden sah es noch schlimmer aus: Hier waren von 220.000 Wohnungen vor dem Kriege insgesamt 90.000 am Ende des Krieges gar nicht mehr vorhanden und ein weiterer, großer Teil war so in Mitleidenschaft gezogen, dass letztlich nur 21 % aller Wohnungen unbeschädigt blieben. Mit anderen Worten: Nur noch ein Fünftel war bewohnbar.

Überall in den deutschen Städten herrschte zunächst ein akuter Mangel an Gas, Wasser und Strom. Der Verfasser, der das Kriegsende wie so viele andere in Berlin im Luftschutzkeller erlebte, kann sich noch erinnern, dass die Frauen tagelang aus einer großen gefüllten Wanne Wasser schöpften, um daraus eine Suppe für die Kinder zu kochen. Gekocht wurde auf Kohleherden, deren Abzugsrohre man erst mühsam unter altem Gerümpel hervorsuchen und anschließend primitiv nach draußen verlegen musste. Die Beleuchtung in den einzelnen Kellerräumen bestand aus Talglichten oder Petroleumleuchten. Diese Art der Energieversorgung mussten wir auch beibehalten, als wir nach einigen Tagen dann wieder aus dem Keller zurück in unsere Wohnung umzogen.

Also bestand für die Instandsetzungsgruppen als Erstes die zentrale Aufgabe, die kommunalen Versorgungsbetriebe in Ordnung zu bringen. In Dresden konnten zwei Wochen nach Kriegsende schon wieder 180.000 kWh Elektroenergie, 42.300 m^3 Stadtgas und 70.000 m^3 Trinkwasser pro Tag abgegeben werden. In Berlin hatten wir genug Wasser schon nach wenigen Tagen zur Verfügung, dafür gab es wochenlang keinen Strom. Was staunten wir, als Ende Mai 1945 die erste Straßenbahn wieder fuhr.

Als Nächstes musste die Enttrümmerung der Hauptverkehrsstraßen eingeleitet werden, damit der Verkehr wieder anlaufen konnte, um die Bevölkerung mit Nahrungsmitteln zu versorgen. Die wichtigsten Brücken konnten zunächst nur als Hilfskonstruktionen in Holzbauweise erstellt werden und auch das ging nicht von heute auf morgen. Zugleich mussten die Eisenbahnstrecken instand gesetzt werden. Bahnhöfe und Rangieranlagen wurden von herumliegenden Trümmern und Fahrzeugen befreit, Gleise gerichtet und Lokomotiven wieder in Ordnung gebracht. Aus ehemals zwei- und viergleisigen Hauptstrecken der Reichsbahn wurden eingleisige Bahnlinien. Das Gleiche galt für die S- und U-Bahnnetze in Berlin und Hamburg. Auch die Eisenbahnstrecken und Vorortnetze verlangten funktionsfähige Brücken, die in aller Eile als primitive frei liegende Pionierbrücken neu errichtet wurden. Es kam nicht darauf an, wie sie aussahen, nur schnell musste es gehen.

Überall in Deutschland war an eine planmäßige Enttrümmerung ganzer Stadtteile zu diesem Zeitpunkt noch nicht zu denken. Es galt vielmehr, leicht und mittelschwer beschädigte Wohnungen wieder bewohnbar zu machen. Und das möglichst bis zum nächsten Winter, denn viele Leute hausten regelrecht auf der Straße, in Zelten oder primitiven, nicht beheizbaren Lauben und Notunterkünften. Die Wohnungsnot war unbeschreiblich groß: Nach den im Laufe des Jahres 1945 erfolgten Anweisungen der Behörden hatten sich normalerweise zwei bis drei Familien mit zusammen neun bis zwölf Personen eine noch intakte Zweieinhalb-Zimmer-Wohnung zu teilen, Küche und Toilette musste man ebenfalls gemeinsam benutzen. Dabei hatte jede Partei jeweils einen beheizten Raum zur Verfügung.

Bei dieser Gelegenheit muss noch ein anderer Punkt der Folgen des verlorenen Krieges behandelt werden, der bisher kaum öffentlich beleuchtet wurde – die rechtliche Seite der Eigentumsbestimmung von Grundstücken, die unter meterhohen Trümmerbergen verschwunden waren. Die außerordentlichen Schwierigkeiten in der Besitzfrage resultierten nach dem Kriege in der Meinung der Mehrheit der Grundstückseigentümer, wonach die Trümmer ihrer Gebäude den letzten realisierbaren Wert des Anwesens darstellten. Niemand konnte sich zu der Erkenntnis durchringen, dass die Kosten für die Beseitigung der Schuttberge den Wert der Baureste in den meisten Fällen weit überstiegen. Erst der, für den Grundstückseigentümer kostenlose, Trümmerabtransport schaffte ja die Vorbedingung für einen Wiederaufbau. Daher musste beispielsweise in Stuttgart eine Verfügung der Militärregierung die Stadtverwaltung ermächtigen, sämtliche Trümmer zu beschlagnahmen, um einen systematischen Beginn der Beseitigungsarbeiten zu gewährleisten. Die Ängste der Haus- und Grundstückseigentümer in Bezug auf eine, von verschiedenen Seiten auch angestrebte, Enteignung zum Zwecke eines geordneten Wiederaufbaus im Rahmen des Generalbebauungsplanes verstärkten die Abwehrhaltung.

»Dresden war die erste Großstadt, die am 5. Januar 1946 einen Aufbauplan verabschiedete«, schrieben Michael Lenk und Ralf Hauptvogel in ihrer 1999 veröffentlichten Broschüre über die Dresdner Trümmerbahn. 80 Millionen Reichsmark wurden für Bauvorhaben im Jahr 1946 bereitgestellt. Der Aufbauplan war die Grundlage für eine teilweise Abkehr vom über Jahrhunderte gewachsenen innerstädtischen Straßennetz und von der kleinteiligen Grundstücksbebauung. Indes: Letzten Endes bestimmten die Möglichkeiten der Finanzierung weitgehend die Räumart und auch das Räumtempo. Im Endeffekt sollten sämtliche Ruinen bis zur Kellersohle enttrümmert werden, um so einen freizügigen Wiederaufbau zu ermöglichen. Nur in seltenen Fällen wurde nach dem alten Grundriss wiederaufgebaut. In vielen Städten räumte man dagegen aus Geldmangel anfangs nur bis zur Bürgersteighöhe. Doch hatte das seine Nachteile:

Mochte es auch rascher gehen, war es für das Auge schöner und entfiel dabei das Abschranken der Ruinenfläche gegen den Bürgersteig, so stellte doch eine solche Handhabung im Hinblick auf den späteren Wiederaufbau, mit der Einhaltung früherer Grundstücksgrenzen, eine schlechte und einseitige Lösung dar. Dabei muss auch bedacht werden, dass Grundrisse früherer Jahrgänge selten nach logischen Gesichtspunkten und in rechteckiger Form aufgebaut sind. Meist waren sie auf Grund langer Traditionen verschachtelt und verwinkelt, wie sich eben die Ahnen im Laufe der Jahrzehnte über Zipfel und Zipfelchen gerade einig wurden. Das alles unter einer meterdicken Schutt- und Trümmerschicht verborgen und nun in altem Grundriss wiedererstehen zu lassen, wäre eine unlösbare Aufgabe und nie zu finanzieren gewesen. Insofern war es nur logisch, dass die meisten Städte und Gemeinden während der

Berlin 1947: In der Friedrichstraße im Bezirk Mitte wird eine so genannte »Trümmerhexe« zur Bergung von Eisenträgern eingesetzt. Eine Arbeit, die nicht frei von Gefahren war. Foto: Landesarchiv Berlin

Trümmerjahre darangingen, auch die Grundstücksumrisse neu zu ordnen. Die Bebauungspläne fußten dann gleich auf den neuen Grundrissen; ein Vorteil, der allen nachfolgenden Generationen beim Neubau zugute kam.

Doch dieses Buch berichtet von den deutschen Trümmerbahnen und hierzu gehören auch besondere Verkehrsaufgaben, die nach dem Kriege der Straßenbahn, zumindest in den Großstädten, zufielen – gemeint ist der »Straßenbahn-Güterdienst«. Er musste dann einspringen, wenn es darum ging, Transportaufgaben zu lösen, die der Lastkraftwagen wegen Reifen-, Ersatzteil- und Treibstoffmangel nicht mehr übernehmen konnte. Hinzu kam, dass es im Nachkriegsdeutschland mit Lkw sowieso schlecht bestellt war, zumal der größte Teil der Fahrzeuge zum Kriegsdienst genutzt worden war und jetzt in der Heimat fehlte. Aber auch die Straßenbahnen hatten ihre Probleme: Durch die mehrjährigen ständigen Luftangriffe war deren Wagenpark, und das galt für alle deutschen Städte, erheblich dezimiert. Noch während der letzten Kriegsmonate, als zwar weniger Trümmer, aber umso mehr Verwundete, transportiert werden mussten, griff man auf gedeckte Güterwagen zurück, die von Straßenbahnen gezogen wurden. Eigene Trassen gab es damals in den Städten kaum. Die Trambahngleise waren fast immer direkt im Straßenpflaster verlegt, sodass auch das Ziehen von vollgummibereiften Anhängern durch Arbeitswagen der Tram möglich war. Ob nun Güterwagen oder gummibereifte Anhänger – in jedem Falle waren die Fahrzeuge im Inneren lediglich mit Schlaufen ausgerüstet, in die man die Verwundetentrage einhängen konnte, und das war es dann schon. Auf diese Weise bestand, noch während des Krieges schon eine gewisse Erfahrung in der Handhabung von Trambahnen als Zugmaschinen für normale Güterwagen oder/und Straßenfahrzeuge. Eine Erfahrung, die man gleich nach der Einstellung der Kampfhandlungen dazu benutzte, um mit Trümmern und Schutt beladene Güterwagen oder eben gummibereifte Anhänger mit der Tram zu ziehen. Durch den chronischen Treibstoffmangel unmittelbar nach dem Krieg wurden die Triebwagen der Tram auch dazu verwendet, ganze Lkw-Züge mit Hänger durch die Städte zu ziehen. In Hannover trugen diese Gespanne vorn am Straßenbahntriebwagen die große Tafel *»Auto-Schleppzug«*. In diesen Schleppzügen wurden die Lkw-Züge komplett mit Hänger mitgeführt und konnten dann, wenn die Straßenbahngleise endeten oder unter Trümmern verschüttet waren, ihre Fahrt mit eigener Kraft fortsetzen. Immerhin wurde auf diese Weise für den Hauptteil der Strecke wertvoller Dieselkraftstoff gespart. Auch in Berlin gibt es Bilder für diese Art von Straßenbahn-Güterdiensten.

Noch einen Schritt weiter ging man z.B. in München, Berlin, Hannover oder Karlsruhe. Hier wurden offene und geschlossene Güterwagen nicht nur für den Güter- sondern auch für den Personentransport benutzt. Und das Ganze nicht ausschließlich von (elektrischen) Straßenbahntriebwagen gezogen, sondern, wenn keine Oberleitung vorhanden war oder noch Strom fehlte, von Dampfloks. Weil nun Güterwagen ziemlich hoch und fürs »normale Einsteigen« von Fahrgästen eigentlich nicht geeignet sind, fuhr hier immer ein zweiter Schaffner mit, der eine Trittleiter mit sich führte. An jeder Haltestelle wurde die Trittleiter dann ausgeladen und am Einstieg angestellt. Waren die Fahrgäste aus- und eingestiegen, das dauerte auf diese Weise schon einige Zeit, wurde die Trittleiter wieder eingezogen und die Fahrt ging weiter. Von einem »schnellen Fahrgastwechsel« konnte hier natürlich keine Rede sein. Dieses Aus- und Einsteigen hielt sich beim Straßenbahnbetrieb in einigen Städten erstaunlich lange. Kein Mensch regte sich darüber auf. Jeder war froh, überhaupt mitzukommen.

Und das Gleiche galt für Komfort und Beleuchtung: Dass es in den Güterwagen durch die fehlenden Fenster ausgesprochen dunkel war, störte niemanden, höchstens den Schaffner beim Kassieren. Auch in normalen Straßenbahnwagen jener Zeit waren ja die Fenster »verpappt«, also mit Brettern zugenagelt und Licht fiel nur durch schmale Sehschlitze ein. Echte Freude kam dage-

Berliner Trümmerfrauen räumen 1945 den zerbombten U-Bahntunnel unter der Innsbrucker Straße in Schöneberg von Schutt und Schrott frei. Auf solchen einsturzgefährdeten Baustellen würde heute kein Mensch mehr arbeiten.
Foto: Landesarchiv Berlin

gen auf, wenn im Sommer mit hochbordigen, offenen Güterwagen gefahren wurde, die man für den Personentransport notdürftig mit einem Regendach versehen hatte. Man kam sich fast vor wie auf einer Ausflugsfahrt. Ob nun aber Güter- oder Personenverkehr, für beide galt: Wenn sich dieser Hilfsverkehr auf Regelspur abspielte, benutzte man von der Reichsbahn ausgeliehene Dampflokomotiven; im anderen Falle eben private Feldbahnloks, wenn auf Schmalspur gefahren wurde.

Es soll auch Pläne gegeben haben, an planmäßige Straßenbahnzüge einachsige, gummibereifte Autoanhänger anzukuppeln. Das Ankuppeln hätte an normalen Haltestellen stattfinden können, wohingegen der Besitzer, nach dem Ankuppeln, sich jedoch in den Straßenbahnwagen zu begeben hatte, um hier mitzufahren, keinesfalls in seinem wackeligen Gefährt. Ob diese Pläne jemals umgesetzt wurden, konnte in Hannover, wo die Geschichte erzählt wird, nicht zweifelsfrei geklärt werden. Wenn nun gar keine Straßenbahn oder keine Lok als Zugmaschine zur Verfügung stand, behalf man sich auch umgekehrt: Offene und geschlossene Güterwagen wurden dann mit einem gummibereiften Fahrzeug, also mit einem Trecker, einer kleinen Zugmaschine oder einem Kleinlaster gezogen. Das geschah auch dann, wenn die Gleise noch befahrbar, die Oberleitungen jedoch zerstört waren oder keinen Strom führten.

»Schuttexpress«, »Trümmerbähnle«, »Tramersatzbahn«, »Hilfsbahnlinie« oder »Hilfsstraßenbahn« wurden die verschiedenen Transport-Notlösungen der städtischen Bahnen von den Deutschen genannt, je nach Mundart, Dialekt und den unterschiedlichen Aufgaben. Name und Funktion prägten sich ein. Noch Jahrzehnte nach dem Krieg wiesen die Einheimischen ihre Besucher gern auf diese oder jene Trümmerbahn hin und erklärten Fremden die Dienste und die Erfahrungen, die sie nach dem Krieg mit den eigentlich nur vorübergehenden Hilfslösungen gesammelt hatten. Dabei kam die Identifizierung mit den damaligen Aufgaben nicht von allein: *»Wir rufen Euch, Männer und Frauen«*, so begann z.B. der Aufruf des »Rates der Hauptstadt Hannover« vom 23. Mai 1947 zu »Trümmeraufräumungsarbeiten«. Dabei warb man in den ersten Nachkriegsjahren mit Vorteilen, die nicht mit Geld zu bezahlen waren: *»Wer sich freiwillig (...) für fünf Tage für die Trümmerräumung meldet, bekommt von der Stadt nicht nur eine Urkunde über seine erfüllte Ehrenpflicht, sondern auch eine Lebensmittelzulage. Gehalt und Lohn werden von den Betrieben weitergezahlt. (...) Wer nicht in einem Arbeitsverhältnis steht, erhält den tariflichen Lohn, der für die Aufräumungsarbeiten zu zahlen ist. Arbeitskleider und Arbeitsschuhe werden auf Wunsch für die Dauer des Arbeitseinsatzes zur Verfügung gestellt. Hannover wartet auf Deine Hilfe. Du fehlst noch – willst Du warten, bis man Dich holt?«* So oder ähnlich klangen die Aufrufe in allen deutschen Städten. Improvisation und Mut waren an der Tagesordnung. Dieser Mut war begleitet von harter Arbeit und Erfindungsgeist. Alle Einsätze zum Trümmerräumen, die Bereitstellung von Trümmerbahnen, das Verlegen der einfachen Feldbahngleise und die Wartung der noch vorhandenen Lokomotiven und Wagen wurden in fieberhafter Eile in Angriff genommen, weil bald Jedem klar wurde, dass es jetzt und nicht irgendwann darauf ankam, das Äußerste zu geben, gerade im kritischen Sommer 1945 mit seinen noch nicht einmal andeutungsweise bekannten Wohnungsproblemen für den kommenden Winter. Die Alliierten halfen anfangs, zumindest in den westlichen Besatzungszonen, mit schweren Baumaschinen aus und stellten umfangreiche Treibstoffkontingente und Kohle bereit, damit die Lokomotiven, Lastkraftwagen und Traktoren fahren konnten. Trotz der unterschiedlichen Sprachen, trotz der Tatsache, dass man vor nicht allzu langer Zeit noch aufeinander geschossen hatte, ergaben sich kaum elementare Schwierigkeiten. Nicht, dass sich zwischen den ehemaligen Kriegsgegnern eine Art freundschaftliches Verhältnis entwickelt hätte, das kam erst später zurzeit der Berliner Luftbrücke, aber eine erste vertrauensvolle Zusammenarbeit mit demselben Ziel, dem Freiräumen der Straßen, kam schon bald nach Kriegsende auf; zu sehr lag der Nutzen in beiderseitigem Interesse.

Doch nicht nur der Transport der Trümmer aus den bereits abgeräumten Grundstücken und Straßen bereitete den Alliierten und zuständigen deutschen Stellen Kopfzerbrechen. Auch noch nicht abgerissene Ruinen, Fassaden und Häuserreste mussten erst einmal »umgelegt« und damit als Schuttgut transportfähig gemacht werden, und das geht nach heutiger Auffassung am wirtschaftlichsten eigentlich nur durch Sprengen. Doch mussten dabei weitere Gesichtspunkte berücksichtigt werden: In zahlreichen Eingaben an die Dresdner Stadtverwaltung wurden oft die teilweise wahllosen Sprengungen von noch ausbaufähigen Ruinen beklagt. Eine darauf folgende Begehung der Baustelle ergab dann meist, dass fast alle Sprengungen in erster Linie zur Ziegelgewinnung durchgeführt und erst in zweiter Linie darüber nachgedacht wurde, ob mit einer schonenderen Behandlung vielleicht gleiche oder sogar bessere Ergebnisse erreicht worden wären. Viele Häuser hatten erhaltenswerte Fassaden, die sich in einem ausbaufähigen Zustand befanden. Doch meist hatte die Verwaltung von diesen Einzelheiten keine Kenntnis und ordnete daher eine schnelle Beseitigung dieser Ruinen an. Doch der große Nachteil eines solchen oft unüberlegten Vorgehens: Beim Wiederaufbau, der fast bis 1975 dauerte, und das gilt für Ost und West, gab man dem kastenartigen, geradezu hässlichen Zweckneubau den Vorzug. Erst danach hat man sich wieder einer gewissen Schönheit und Zeitlosigkeit im Wohnhaus- und Eigenheim-Neubau zugewandt.

Zurück in die Jahre 1945/1946: Um die Sprengarbeiten zu koordinieren, legte die Verwaltung in Dresden mit den entsprechenden städtischen Behörden das folgende Vorgehen fest:

- Die Städtische Abteilung ist die einzige, die über Sprengungen zu befinden hat.
- Sprengungen sind in der jedes Wochenende stattfindenden »Sprengbesprechung« vorzutragen.
- Folgende »Sprengarten« sind einzuhalten:
  a) Sprengungen aus bauaufsichtsamtlicher oder stadtplanerischer Notwendigkeit
  b) Sprengungen ausschließlich zur Gewinnung von Altmaterialien.

Die beschlossenen Sprengpläne wurden sodann eine Woche vor dem Sprengtermin der Dresdner Straßenbahn AG, den städtischen Energieversorgungsbetrieben und der Deutschen Reichsbahn mitgeteilt, damit diese ihre Fahrpläne entsprechend abstimmen konnten. Waren Sprengungen unmittelbar in der Nähe von Straßenbahn-Oberleitungen vorgesehen, musste für deren Demontage gesorgt werden, damit durch die Sprengung nichts beschädigt wurde. Konnten aus Sicherheits- oder anderen Gründen keine Sprengungen erfolgen, mussten die Häuserreste und Ruinen manuell zum Einstürzen gebracht werden. Diese äußerst gefährlichen Arbeiten, dazu gehörten Anbringen von Ankern und Zugseilen, Vorkoppeln einer Ziehmannschaft o. ä., erforderten Spezialisten und waren dementsprechend teuer und sehr zeitaufwändig. Besonders begehrt bei den Sprengarbeitern waren die platinlegierten Spitzen von Blitzableitern, die an alten Gebäuden manchmal vorhanden waren. Sobald die Sprengung beendet war, suchten Arbeiter die Schuttkegel nach diesen wertvollen Buntmetallen ab, um sie auf dem schwarzen Markt zu verkaufen.

Schwierig gestaltete sich schon damals die Beseitigung der aus Stahlbeton errichteten Gebäude. Eine anfangs durchgeführte Sprengung im Erdgeschoss hatte zur Folge, dass der stabile darüberliegende Baukörper im Ganzen nachrutschte und ein kaum zu bergender Schuttberg aus Armierungsstahl und schweren Betonbrocken entstand. Die (ost)deutschen Sprengbetriebe verwendeten 1945 bald eine andere Methode: Das Bauwerk wurde von oben nach unten abgetragen. In den Mauern der oberen Etagen wurden Bohrlöcher eingebracht, mit Sprengstoff gefüllt und gezündet. Nachdem der gesprengte Beton herausgefallen war, brannte man die verbliebene Stahlarmierung ab. Auf diese Weise fielen nur relativ kleine, schnell zu entsorgende Schuttmengen an, denen man leichter Herr werden konnte.

Ob die Methode des Sprengens, wie hier am Beispiel von Dresden dargestellt, auch in den (west)deutschen Großstädten angewendet wurde – eigentlich überwog dort vorwiegend manuelle Handarbeit – ist strittig. In einem Bericht aus Hamburg vom August 1946 wird ausdrücklich betont, dass *»auf Anordnung der Alliierten in Westdeutschland kein Sprengstoff verwendet werden darf«*. Die Nachkriegsberichte anderer Städte schweigen sich – bis auf München – zu diesem Thema aus. In Bayern wurde in schwierigen Fällen das Sprengen durch die dafür zuständigen städtischen Fachleute gestattet. Und auch in Westberlin hat man versucht, die Großbunker später durch Sprengen zu beseitigen, was nicht ganz gelang.

Generell ist aber daraus zu folgern, dass in den Bestimmungen und Militär-Anweisungen zum Ruinenabriss und für die Trümmerzerkleinerung zwischen den westlichen und östlichen Besatzungsmächten mit hoher Wahrscheinlichkeit unterschiedliche Auffassungen vorgelegen haben müssen.

4. Die Lage war niederschmetternd: Die deutschen Städte als Trümmerwüsten

Am Ende des Zweiten Weltkrieges hatten die deutschen Städte im Durchschnitt nur noch 25 bis 30 % ihre ursprünglichen Einwohnerzahlen. Zwei Drittel der Stadtbevölkerung waren tot, vermisst oder zwangsevakuiert. In Karlsruhe zum Beispiel, einer mittelgroßen Stadt mit rund 250.000 Einwohnern, erlebten nur 60.000 das Kriegsende. Und dies mit den apokalyptischen Begleiterscheinungen des Besiegten: Plünderung, Vergewaltigung durch französische Kolonialtruppen, Hunger, Kälte und Dunkelheit. Fast zwei Drittel der Karlsruher Innenstadt waren zerstört: Von 17.134 Wohnhäusern standen nur noch 3.414, der Rest waren Trümmer und Ruinen. Genug Ladung also für das »Schuttbähnle«, wie die Trümmerbahn hier auf Badisch genannt wurde. Ab Mitte 1946 transportierte sie in mehr als 100.000 Eisenbahnwagen-Ladungen über zwei Millionen Kubikmeter Schutt aus der Stadt heraus zum Rheinhafen. Wolfram-Christian Geyer, Historiker und Straßenbahnexperte, berichtet aus dieser Zeit: *»Große Gefahr bestand in den letzten Kriegstagen sowohl in Karlsruhe, wie in allen anderen deutschen Städten, durch den sogenannten »Zerstörungsbefehl« Hitlers, wonach vor dem Rückzug der Wehrmacht alle Verkehrseinrichtungen, Nachrichtenanlagen und Industriewerke dem Erdboden gleichgemacht werden sollten. Von dieser Taktik der »verbrannten Erde« wären in der badischen Landeshauptstadt das Elektrizitätswerk, die Gasanstalt und alle Wasserwerke als wesentliche Bestandteile städtischer Infrastruktur betroffen gewesen. Sowohl dem damaligen Oberbürgermeister als auch dem Leiter der Städtischen Werke und Verkehrsbetriebe ist es zu verdanken, daß derartige sinnlose Zerstörungen verhindert werden konnten. Trotz der 135 Luftangriffe auf Karlsruhe erlitt die Stadt im Vergleich zu Heilbronn oder Pforzheim oder gar Berlin oder Dresden insgesamt gesehen fast »nur geringe Schäden«: Der Zerstörungsgrad am Gebäudebestand betrug 34 %. In der Innenstadt lag dieser Faktor wesentlich höher, siehe oben. Und hier kam erschwerend hinzu, daß nahezu das gesamte, von Baumeister Friedrich Weinbrenner geprägte klassizistische Stadtzentrum, untergegangen war. Wertvolles Kulturgut also, das erst in den letzten Jahren mit großem finanziellem Aufwand neu wieder hergestellt werden konnte. Nach der Einnahme der Stadt Karlsruhe am 4. April 1945 durch französische Streitkräfte forderte ihre Besatzungsverwaltung, auch im Hinblick auf die zahlreichen zurück-*

kehrenden Einwohner, die rasche Wiederaufnahme des Straßenbahnverkehrs. Als eine der ersten Maßnahmen mußten die als Panzersperren mißbrauchten Beiwagen beseitigt und zur Reparatur in die Betriebswerkstatt gebracht werden. Mit einer Belegschaft von etwa 125 Mann wurden die Bahnanlagen und Fahrzeuge so instand gesetzt, daß bereits ab 30. Mai die ersten Strecken wieder bedient werden konnten. Zum Einsatz kamen zunächst nur Triebwagen ohne Tarnanstrich, die »einigermaßen repräsentativ« aussahen. Richtig betriebsbereit waren dann 19 Triebwagen.

Jedenfalls wurden die ersten »Elektrischen« mit, wenn auch verhaltenem, Jubel als Zeichen wiedererwachenden Lebens aus Not und Krieg begrüßt. (...) Dabei bildeten die Einrichtungen der Besatzungsmacht ein enormes Hindernis für den Betrieb der Straßenbahn: Die von den Militärs zwischen dem heutigen Feuerwehrhaus in der Ritterstraße und dem Polizeipräsidium sowie in der vielbefahrenen Karl- und Mathystraße unter der Fahrleitung der Straßenbahn verlegten schweren Kabel- und Telefonleitungen durften dort nicht angerührt werden! Das Fahrpersonal mußte den Stromabnehmer rechtzeitig absenken, um »mit Schwung« die Elektrische unter den Hindernissen durchfahren zu lassen. Auf Nichteinhaltung stand die Todesstrafe.«

Die notdürftig instandgesetzten Wagen fuhren auf großen Teilen des Netzes an Ruinen- und Trümmerwüsten entlang. Die ab 23. Dezember 1945 wieder befahrbare Kaiserstraße, die Hauptgeschäfts- und Einkaufsmeile von Karlsruhe, war besonders in ihrem mittleren und westlichen Teil noch fast vollständig zerstört. Die Aufnahme großflächiger Trümmerräumung durch die Aufräumungs-Arbeitsgemeinschaft Karlsruhe (AAK) stellte daher einen wichtigen Schritt für den Wiederaufbau dar. Ab 11. Juli 1946 fuhr auch hier erstmals der »Schutt-Express« oder das »Schuttbähnle«, die die Trümmer aus der Innenstadt zum Rheinhafen brachten, wo durch die Auffüllung einer Senke neues Bauland für ein Industriegebiet gewonnen werden sollte. Die Straßenbahn war davon insofern betroffen, als ab dem 19. August 1946 das erste Teilstück der Kaiserstraße für den gesamten Verkehr gesperrt wurde, ab November 1946 bis Juli 1947 das Zweite; hierfür wurden Umleitungen geschaffen. Die vier Kreuzungen der Straßenbahn mit der 900 mm-Schuttbahn (7 km Länge), auf deren Weg vom Schlossplatz über Kaiserstraße, Hildapromenade und zeitweise über Sophienstraße zum Rheinhafen konnten nach der Trümmerbeseitigung in der Innenstadt und der

Der Münchener Stachus 1946: In diesem Dickicht aus Schutt, Steinen und Schrottresten noch Brauchbares herauszuklauben, war schon fast unmöglich.
Foto: Stadtarchiv München

Stilllegung dieser Hilfsbahnen allerdings erst 1949 entfernt werden.

Zu den Leistungen der städtischen Betriebe noch vor der Währungsreform zählte auch die Verbesserung der Stromversorgung der Betriebswerkstätten und der Wagenhalle durch eine neue Transformatorenstation. Schon 1947 waren drei Quecksilberdampfgleichrichter aus den 20er-Jahren im Maschinenhaus Tullastraße und im Städtischen Elektrizitätswerk durch zwei neue Gleichrichter zu jeweils 2.000 Ampere ersetzt worden. Die aufwändige Technik dieser Anlagen erforderte die Aufstellung in besetzten Stationen, damit das Personal bei Betriebsstörungen sofort eingreifen konnte. Speisekabel zu verschiedenen Punkten des Netzes sollten eine gleichmäßige Versorgungsspannung innerhalb der Stadt gewährleisten. Dies war auch notwendig, da während der Trümmerräumungsjahre die Straßenbahn in Karlsruhe nicht nur für den ÖPNV, sondern in zunehmendem Maße auch für den Schuttabtransport mit aus Beiwagen umgebauten Lorenwagen eingesetzt wurde. Der Trümmerbahnbetrieb in der badischen Metropole fand somit auf drei verschiedenen Spurweiten statt: Auf den 1435 mm-Strecken der Straßenbahn, auf 900 mm-Schmalspur mit dem Dampf-»Schuttbähnle« und auf 600 mm-Feldbahngleisen mit Dieselloks. Wie das im Einzelnen geschah, wird im Kapitel 7.6 (Seite 100) näher erläutert.

Zurück zu den Anfängen im Sommer 1945, als sich die unmittelbaren Folgen des Kriegsgeschehens vermindert und die erste Zeit der alliierten Besatzungen in Deutschland langsam eingespielt hatten: Deutschland bot im Jahr 1945 ein Bild von kaum zu beschreibendem Chaos. 1943 hatte Goebbels den »Totalen Krieg« proklamiert – nun befand sich das Land in einer Niederlage, wie sie totaler nicht sein konnte. Die Zeit der Bombennächte hatte zwar ihr Ende gefunden, doch der Kampf um das tägliche Leben ging für Millionen weiter, wie Thomas Grabe in seinem Werk »Wege aus dem Chaos« beschreibt. Zur Obdachlosigkeit kamen Hunger und Kälte. Der alliierte Bombenkrieg, dem in den letzten Kriegsmonaten auch bisher unzerstörte Städte, wie Dresden, zum Opfer gefallen waren, dazu die Folgen des Artilleriebeschusses und schließlich die von den zurückweichenden deutschen Truppen vorgenommenen Sprengungen hatten die Infrastruktur weitgehend zerstört. Ein nicht endenwollender Menschenstrom flutete über die Straßen bzw. das, was davon übrig geblieben war.

Gefangene deutsche Soldaten waren unter Bewachung auf dem Weg in die überall entstehenden Lager, andere, die weniger Glück hatten, wurden nach Osten verbracht. Für viele war das ein Weg ohne Rückkehr. Frauen und Kinder, die zuvor in ländliche Gebiete evakuiert worden waren, bevölkerten nun die Straßen ebenso wie die Flüchtlingstrecks aus dem Osten sowie befreite Zwangsarbeiter, die auf eigene Faust versuchten, in ihre Heimat zurückzukehren. Etwa zehn Millionen von ihnen wurden während des Krieges nach Deutschland gebracht worden; viele forderten nun Rache und Entschädigung für ihre Leiden. Andererseits waren die Sieger auf deutsche Stellen angewiesen, wenn es darum ging, die Energie- und Wasserversorgung sicherzustellen und ein funktionierendes Transportsystem aufzubauen. Doch dazu mussten erst einmal die Straßen von den Resten des Krieges geräumt werden. Auch hatte man Wohnraum für die alliierten Truppen bereitzustellen – wo es doch nicht einmal genug Unterkünfte für die Einheimischen selbst gab. Doch auch das muss immer wieder erwähnt werden: Zwischen Siegern und Besiegten entwickelte sich aus der zunächst von abweisender Kälte und Misstrauen geprägten Zusammenarbeit – unter dem Einfluss der äußeren Umstände, wozu zweifellos auch der sich verschärfende Ost-West-Konflikt zählte – ein zumeist fruchtbares Miteinander! Noch entscheidender aber war natürlich, welche Besatzungsmacht sich in dem jeweiligen Gebiet Deutschlands etablierte: Bei den Sowjets um Berlin herum war es ganz anders als bei den Briten in Schleswig-Holstein.

Was sich damals auf unseren Straßen abspielte – da müsste man genauso viele Betrachtungen schreiben wie Menschen existierten. Der Wahrheit

Hamburg, Sommer 1948: Die Berufspendler benutzten zu dieser Zeit ausschließlich Öffentliche Verkehrsmittel, an ein eigenes Auto dachte niemand. Verglasung und Instandsetzung des Hamburger Hauptbahnhofs lassen noch auf sich warten. Foto: Museum der Arbeit/Germin

wohl am nächsten kommen Berichte aus ausländischer Feder. Schon auf Grund des Abstandes zu den Deutschen ist daher die Aussage eines britischen Journalisten, Leonard O. Mosley, ganz besonders aufschlussreich, der unmittelbar nach seiner Ankunft aus England mit Hannovers Stadtkommandanten vom Rathaus zur Offiziersmesse fuhr: *»Wir sahen auf jener Fahrt eine Menschenmenge, die gerade in ein Lagerhaus eingebrochen war; es befanden sich sowohl deutsche als auch ausländische (Zwangs-) Arbeiter unter der tobenden, brüllenden Masse. Sie drängten sich hinein durch Türen und durch Fenster und kamen wieder heraus mit Armen voller Türgriffe! Es war ein Lagerhaus für Türbeschläge. Was diese Menschen mit solchen Dingen in einer Stadt, in der die meisten Türen gar nicht mehr vorhanden waren, beginnen wollten, war mir schleierhaft und ging damals über meine Begriffsvorstellungen hinaus. Und doch raubten sie nicht nur diese Türgriffe, sondern sie rauften sich auch gegenseitig um sie. Sie stießen, kratzten und schlugen mit Eisenstangen diejenigen, die mehr Türgriffe als sie selber gestohlen hatten. Ich sah einen Familienvater, der einen Mann zu Boden stieß und ihm mit Verwünschungen und Schlägen die Türgriffe aus seinen Armen entwand. Dann rannte er davon. Ich dachte, daß er die Gegenstände vielleicht zum Tausch gegen Lebensmittel für seine Kinder vorgesehen hatte. Aber es passierte etwas ganz an-*

deres: Nachdem er ein Stück gelaufen war, schien er zur Besinnung zu kommen. Er blickte auf die erkämpften Türgriffe herab und schleuderte sie dann mit allen Zeichen des Ekels von sich. Eine Frau hatte ihn beobachtet und sobald er fort war, lief sie die Straße entlang, um das zu erhaschen was er fortgeworfen hatte. Andere Deutsche folgten ihr und beneideten die Frau um ihren ‚Schatz'.«

Aus heutiger Sicht ist so etwas kaum zu verstehen und trotzdem spielten sich ähnliche Szenen damals überall in Deutschland ab. Den Preis für den Schrecken, den der Krieg über Europa gebracht hatte, mussten nun seine Einwohner bezahlen – und sie taten es, jeder auf seine eigene individuelle Art.

Ein bezeichnendes Schlaglicht auf die politische und wirtschaftliche Lage in Deutschland, wie sie noch im April 1946 – also ein Jahr nach Kriegsende – bestand, wirft ein Rundschreiben der Finanzabteilung des Magistrats von Berlin vom 11. April 1946, in dem es u.a. heißt: *»Wir wären Ihnen dankbar, wenn Sie uns recht bald mit-*

Trümmerbeseitigung 1946 auch in Frankfurt (Main): Ein äußerst gefährlicher Job war das Anbringen von Zugseilen, um brüchige Ruinenreste einzureißen. Oft stürzten die wackeligen Gebäudeteile schon beim Anstellen der Leiter ein.
Foto: Institut für Stadtgeschichte, Frankfurt (Main)

Diesen Trümmerbahnzug mit einer Lok des Typs »Riesa«, der da gemütlich Berlins Prachtstraße quert, hat es in Wirklichkeit nie gegeben. Das Ganze ist eine Fotomontage des findigen Sachsen-Verlages aus Plauen im Vogtland. Doch das Kuriose daran: Diese Ansichtskarte von 1946 mit dem romantischen Titel: »Berlin-Unter den Linden« wurde in rund 40.000 Stück verkauft. Foto: Slg. Gottwaldt

teilen würden, was in Ihrem Gebiet bisher zur Feststellung von Kriegsschäden oder zur Gewährung von Entschädigungen oder Vorauszahlungen hierauf veranlaßt worden ist. Wir stellen Ihnen anheim, dieses Schreiben mit Anlagen zuständigkeitshalber an den Herrn Ministerpräsidenten Ihres Landes weiterzugeben. Für diesen Fall bitten wir um eine entsprechende Abgabenachricht.« Über die Grenzen des eigenen Bezirkes hinaus wusste also kaum ein Deutscher etwas vom anderen und Amtshilfe zwischen unterschiedlichen Verwaltungen musste erst in die Wege geleitet werden.

Wie schwierig auch die Zustände auf einem ganz anderen Gebiet waren, schildert ein Schreiben des Arbeitsamtes von Hannover. Das Bauamt hatte dort Arbeitskräfte für Räumungs- und Instandsetzungsarbeiten angefordert, aber es war nichts geschehen und die etwas lahme Antwort (oder Ausrede) des Arbeitsamtes vom 13. Mai 1946 lautete nun folgendermaßen: *»Trotz Einsatzes erheblicher Geldmittel zur Rattenbekämpfung hat die Rattenplage durch die Schutthalden so zugenommen, daß immer wieder in den Büros wichtige Papiere zernagt werden. So sind z.B. unliebsame Verzögerungen in der Erfassung der Bevölkerung zum Arbeitseinsatz, die von allen Seiten dringend verlangt wird, dadurch eingetreten, daß zahlreiche Fragebogen, die hier zur Auswertung bereitlagen, von Ratten zerfressen wurden.«*

Doch das war nur eines der vielen Probleme, die zu bewältigen waren. In Hannover beispielsweise waren 240 km Straßen im Stadtinnern unpassierbar; 2.100 Bombentrichter mussten zugeschüttet und geebnet werden und über 6,5 Millionen Kubikmeter Schutt lagen innerhalb der Kernstadt auf den Straßen. 175.000 m^2 Fahrbahnpflaster, 52.000 m^2 Asphaltfahrbahnen und 250.000 m^2 Teerstraßen und Chaussierungen waren zerstört. Dazu kamen die zerstörten Fuss- und Radwege auf schätzungsweise 30 bis 40 % ihrer gesamten Länge. Wohlgemerkt das alles nur innerhalb einer einzigen mittelgroßen Stadt – und Deutschland hatte Dutzende davon.

Bei der Beseitigung der Hindernisse, der Schuttmassen und der Wiederinstandsetzung der Straßenoberflächen stand man vor unvorstellbaren Schwierigkeiten: Arbeitskräfte und Fahrzeuge fehlten; ebenso Straßenbaustoffe wie Zement, Bitumen, Teersplitt und Pflastersteine. Und die Schäden an den Abwasserkanälen in allen deutschen Städten, am Gasrohrnetz und an der Wasserversorgung, deren Netze sich generell unter der Straßenoberfläche befanden, verzögerten die Arbeiten erheblich. Erst nachdem diese Schäden behoben waren, konnte man an die Auffüllung der Bombentrichter denken. Die gesamte Schuttmenge, die als Folge der Kriegszerstörungen in der niedersächsischen Landeshauptstadt auf Straßen und zerstörten Grundstücken lag, wurde, wie bereits erwähnt, auf über 6,5 Millionen Kubikmeter geschätzt; andere Schätzungen gingen von acht Millionen aus. Sie würde allerdings höher werden, darüber waren sich die Verantwortlichen schnell klar, wenn sich der Aufbau der beschädigten, aber Ende 1945 noch instandsetzungsfähigen Häuser noch lange hinauszöge und diese den Witterungseinflüssen zum Opfer fielen. Das Verrotten und weitere Verwittern von Wohn- und Geschäftsgebäuden musste also mit allen zur Verfügung stehenden Mitteln vermieden werden.

In ganz Deutschland begann die Räumung und Trümmerbeseitigung auch mit dem Ziel, die noch verwendbaren Baustoffe zu gewinnen und aufzubereiten. Sie sollten dem Aufbau möglichst unmittelbar wieder zugeführt werden. Doch das war leichter gesagt als getan. Die Nachfrage hatte nämlich gezeigt, dass außer den Steinen auch die sonstigen Trümmer mit ihren Resten an Mörtel und Splitt sehr begehrt waren, denn daraus konnte man neue Bauteile wie Deckensteine, Wandplatten oder Beton herstellen. In Berlin wurden die Trümmer der zerbombten Stadt darüber hinaus auch für den Bau des neuen Tegeler Flughafens verwendet, der während der Jahre 1948/1949 zur Bewältigung der Berliner Luftbrücke in der unglaublich kurzen Bauzeit von nur 85 Tagen buchstäblich aus dem Boden gestampft wurde. Außerdem untersuchte man, ob der anfallende Feinschutt, der vorher mittels Trümmerbahnen als unverwendbar abgefahren wurde, nicht doch als Mauersand oder als Dünger verwendet werden konnte. Die Versuche, die die Technische Hochschule Hannover dazu durchführte, waren vielversprechend.

5. Weder Arbeitskräfte noch Geld: Fünf Millionen Kriegsgefallene fehlten in allen Bereichen

Der Zweite Weltkrieg zählte insgesamt rund 110 Millionen mobilisierte Soldaten; 27 Millionen davon sind gefallen. Deutschland zählte etwa 5 Millionen Kriegsgefallene. Diese fünf Millionen Männer – Facharbeiter, Ingenieure, Techniker und Kaufleute – fehlten nach dem Krieg natürlich für den Wiederaufbau an allen Ecken und Enden. Ungefähr gleich hoch wie die Zahl der Kriegsgefallenen – 27 Millionen – waren die Verluste bei der Zivilbevölkerung. Insgesamt kostete der Zweite Weltkrieg, einschließlich der Vermissten, 55 Millionen Menschen das Leben. Rund 8,5 Millionen Deutsche, Österreicher und Volksdeutsche wurden Opfer des Krieges und der Vertreibung, mehr als 11 Millionen verloren ihre Heimat. Die Niederlage Deutschlands war ungleich größer als 1918. Sie zerstörte nicht nur die Zukunft des von den Nazis propagierten »Tausendjährigen germanischen Großreiches«, mit der Niederlage schien auch der Glaube an die staatliche Zukunft der deutschen Nation zusammengebrochen, wie Prof. Dr. H. Michaelis in »Die Endphase des 2. Weltkrieges« feststellte.

Abgesehen von den schweren Schäden in den Städten und Gemeinden und den totalen Ruinenlandschaften machte sich inmitten der Riesenschuttberge im Nachkriegsdeutschland das schon erwähnte Problem immer deutlicher bemerkbar: Es fehlten Fachleute und Arbeitskräfte in allen Bereichen der Wirtschaft. Wobei es anfangs, wie man sich denken kann, nicht so sehr um Neubau und Aufbau, sondern vielmehr um das Aufräumen und Inbetriebnehmen ging. Aber auch dafür wurden Facharbeiter und Ingenieure benötigt. Dringend hätte man die fünf Millionen Männer, die leider im Krieg geblieben waren, brauchen können. Sie fehlten in erschreckendem Maße zur Bewältigung der geradezu gigantischen Aufgaben.

Zum Beispiel bei den Straßenbahnbetrieben, sei es nun in München, Frankfurt (Main) oder Hamburg: Nur langsam und abschnittsweise konnten die an vielen Stellen unterbrochenen Gleisanlagen und Fahrleitungen wieder zusammengeflickt werden. Nur mühsam ließen sich Teile des durch Kriegseinwirkung schwer in Mitleiden-

■ **Wie diese so genannte »Dreikantfeile« als Umzugslaster 1945 durch Hannovers zerstörte Straßen bis zum Holzmarkt durchgekommen ist, vermag heute wohl niemand mehr zu sagen.** Foto: Historisches Museum Hannover

schaft gezogenen und durch Plünderung bzw. Reparationsforderungen der Besatzungsmächte dezimierten Wagenparks wieder fahrbereit machen. Obendrein erlebten die Straßenbahnen als einzig übrig gebliebenes innerstädtisches Verkehrsmittel nach dem Krieg einen kaum zu bewältigenden Fahrgastansturm. Ein Teil der Großstädter musste nicht nur in den Hauptverkehrszeiten so zu sagen außen angeklammert seine Fahrt wagen – auf Trittbrettern, den Kupplungen sowie zwischen Triebwagen und Hänger mit beiden Händen sich festhaltend.

Ständige Betriebsstörungen, da einfach nicht genug Material und Fachleute zur Instandsetzung vorhanden waren, verbunden mit der vorzeitigen Umkehr der Straßenbahnzüge, zwangen zu endlosen Wartezeiten und erübrigten jede verbindliche Voraussage über die Dauer der Störung. Das war nicht nur bei der Straßenbahn und in den Städten so, sondern z.B. auch bei der S-Bahn und in den Vorortzügen in Hamburg oder Berlin, die nach dem Krieg regelrecht voller Menschentrauben hingen.

Der für Hamsterfahrten ins Umland unverzichtbare Personennahverkehr musste unter unbeschreiblichen Verhältnissen abgewickelt werden – in überfüllten Abteilen, die schließlich nur noch über die Fenster zu erreichen waren, auf Plattformen und den Trittbrettern, ja auch auf den Wagendächern und Puffern. Die wenigen Eisenbahner mussten tatenlos zusehen. Es blieb nicht anderes übrig, als über den Bahnhofs-Laut-

In der Nähe des Frankfurter Doms in der Innenstadt setzte die Trümmerräumung erst verhältnismäßig spät, etwa 1946/47, voll ein. Foto: Institut für Stadtgeschichte, Frankfurt (Main)

sprecher oder, wenn dieser nicht funktionierte, per »Flüstertüte« vor den Gefahren zu warnen und auf die Rechtswidrigkeit hinzuweisen. *»Die Mitfahrt auf den Wagendächern, Trittbrettern und Puffern ist lebensgefährlich und daher verboten!«* so tönte es z.B. in Hamburg über die Bahnsteige, wie Erich Staisch beschreibt. Die Warnungen waren berechtigt: In Sekundenschnelle riss am Abend des 23. Juli 1947 auf der Süderelbe-Brücke ein Güterzug auf dem Gegengleis mit einer offenen Seitentür 23 Menschen von ihren Trittbrettern, elf von ihnen waren sofort tot.

Aber es gab doch wenigstens fahrbare Untersätze und keine Macht der Welt hätte die Menschen davon abbringen können, die Fahrt nicht anzutreten. Für die meisten ging es einfach darum, die Familie endlich wiederzufinden oder etwas Essbares zu ergattern. Ein Sack Kartoffeln bedeutete zumindest, einige Zeit nicht hungern zu müssen! Aber nicht jeder Sack Kartoffeln erreichte sein Ziel. Wie in grauer Vorzeit lauerten an den Bahndämmen Wegelagerer mit Enterhaken. Wer seine Kartoffeln auf dem Trittbrett des Zuges sicher glaubte, konnte sich irren, wenn der Haken »saß«, waren alle Hamstermühen umsonst. Auch dies war eine Folge des zu geringen Personals in allen Bereichen: Es gab einfach nicht genug Polizisten, die dem Diebstahl ein Ende bereiten konnten.

Ein weiterer beeindruckender Vorgang war die relativ schnelle Reparatur der Wasser-, Strom- und Gasleitungen, obwohl es auch hierfür an

Fachleuten mangelte. Die wenigen Elektriker, Installateure und für die Energieversorgung zuständigen Stadtbediensteten mussten daher die erste Zeit nach Kriegsende in drei Schichten rund um die Uhr arbeiten, denn das Netz der Versorgungsleitungen für Wasser, Strom und Gas war während des Krieges von Tausenden Bomben durchlöchert worden. Den Verantwortlichen war klar, dass viel, wenn nicht alles davon abhing, die notwendigen Reparaturen in wenigen Wochen durchzuführen. Und sie schafften es! Den unermüdlichen Fachkräften muss, selbst heute noch, Dank gesagt werden für diesen selbstlosen Arbeitseinsatz, dessen Nutzen letztlich Allen zugute kam.

Wenn man bedenkt, dass der Zugang zu den Schadstellen, egal wo, durch meterhohe Trümmerberge blockiert war, dann muss die Leistung jedes Einzelnen, der damals daran mitarbeitete, umso höher bewertet werden. Und es war Eile geboten! Die deutschen Städte und Gemeinden mussten möglichst schnell ihre Energieversorgung wieder auf Vordermann bringen, bevor der nächste Winter kam. Nicht zuletzt hat das hier vorgelegte Tempo die Diskussionen um eine etwaige Aufgabe der Städte und Komplettaufbau an anderer Stelle, wie im Falle von Hannover, endgültig verstummen lassen. Die Reparatur der Gasleitungen benötigte übrigens die längste Zeit. Das hatte verschiedene Ursachen: Zum einen wurde

Berlin 1948: Die primitiv verlegte 600 mm-Trümmerbahn an der Fürst-Bismarck-Straße im Bezirk Tiergarten. Trümmerfrauen haben den 16-Wagen-Zug (im Hintergrund) voll beladen und machen jetzt Feierabend.

Foto: Landesarchiv Berlin

Vor dem Berliner Reichstagsgebäude 1946: Enttrümmerung und Abtransport des Schutts mit Feldbahnloren. Dieser Platz hieß bis 17. Juni 1948 Königsplatz und wurde danach in »Platz der Republik« umbenannt. Hier fanden zurzeit der Luftbrücke die großen Demonstrationen statt. Foto: Landesarchiv Berlin

der Wasserversorgung Vorrang vor der Gasversorgung eingeräumt und daraus resultierend die Rohrnetze der Gaswerke für die Behebung von Wasserrohrbrüchen eingesetzt. Zum anderen sorgten die Wasserschäden dafür, dass die Gasrohrleitungen immer wieder voll Wasser liefen. Aber bis Ende 1945 konnte auch dieses Problem gelöst werden.

Zu den finanziellen Aufwendungen der Trümmerbeseitigung teilte das »Aufräumungsamt« der Bauverwaltung Hamburg am 3. Dezember 1946 kurz mit: *»Die Kosten pro Kubikmeter endgültig zu räumender Trümmermenge in der Hansestadt betragen nach derzeitigem Stand etwa 13,65 RM.«* Die Hafenstadt Kiel gab als Richtwert für 1946 sogar 16,10 Reichsmark pro Kubikmeter an, für 1947 waren es 16,40 Reichsmark und für 1948 bereits 16,50 Reichsmark. Für 1949, nach der Währungsreform, fallen 6,90 DM pro geräumtem Kubikmeter Schutt an, wobei sich dieser Wert auf Grund der Wiederherstellung *»normaler Wettbewerbsbedingungen und weitgehender Rationalisierung der Trümmerbeseitigung«* in den Folgejahren auf 3,20 DM pro Kubikmeter einpendelte. Gemäß einer detaillierten Aufstellung der Stadt Dresden für die Großräumung im Stadtteil Johannstadt betrugen die Kosten für das Jahr 1947 hier 13,26 Reichsmark je Kubikmeter Trümmerschutt. Im Jahre 1951 lag dieser Wert nur um eine Nuance geringer, nämlich bei 11,30 MDN (Mark Deutscher Notenbank) pro Kubikmeter.

Multipliziert man die insgesamt in Deutschland geschätzten 400 Millionen Kubikmeter mit diesen Richtwerten, so ergibt sich rein rechnerisch eine Summe von 5 bis 6 Milliarden Mark. Dieser Wert

Diese drei Vergleichsfotos zeigen die Innenstadt von Karlsruhe und den Marktplatz mit dem Wahrzeichen der Stadt – der Pyramide. Das erste Bild mit den klassizistischen Weinbrenner-Bauten stammt von 1828, das Zweite von dem schweren Bombenangriff am 27. September 1944. Und das dritte Bild wurde vermutlich um 1946 aufgenommen, als bereits die 900 mm-Schuttbahn fuhr. Fotos: Stadtarchiv Karlsruhe

dürfte in Wirklichkeit weit höher gelegen haben, denn nicht berücksichtigt sind dabei die Kosten für notwendige Neuanschaffungen wie z.B. Lastwagen, gebrauchte und neue Trümmerbahnloks und -loren, Schienen und Weichen sowie die gesamte Organisation und Logistik, die für den Abtransport der riesigen Mengen Trümmerschutt nun einmal notwendig waren.

6. Trümmerfrauen übernahmen die Arbeit: Organisation oder Improvisation

»In Anbetracht des großen Mangels an tauglichen männlichen Arbeitskräften in gewissen Teilen Deutschlands«, so der Vorspann eines Gesetzestextes für die Beschäftigung von Frauen bei Bau- und Wiederaufbauarbeiten, erlaubte der alliierte Kontrollrat im Jahr 1945 geltende Arbeitsschutzbestimmungen, die *»einer solchen Beschäftigung im Wege stehen, vorübergehend außer Kraft zu setzen«*. Damit war von Seiten des Gesetzgebers der Weg geebnet, Frauen für das Enttrümmern der zerstörten deutschen Städte einzusetzen. *»Trümmerfrauen«* – dieser Ausdruck kommt eigentlich aus Berlin und hat sich seinerzeit sehr schnell verbreitet, Trümmerfrauen gab es damals in allen deutschen Städten und Gemeinden, egal ob in Ost oder West, im Norden oder Süden. Mit den Trümmerfrauen verbindet sich ein legendäres Symbol der deutschen Nachkriegszeit, ein Symbol für Ordnungschaffen, Neubeginn und den Start in ein friedliches Leben. Dieser verdiente symbolische Lorbeerkranz der deutschen Trümmerfrauen ist nicht übertrieben, sondern soll Dank sagen für die schwere Arbeit, die sie geleistet haben und die den Wiederaufbau in Deutschland eigentlich erst ermöglichte.

Dabei war die Aktion, Frauen an Stelle der Männer zum Aufräumen des zertrümmerten Deutschlands einzusetzen, anfangs nur als Zwischenlösung gedacht, da nicht genügend männliche Arbeitskräfte zur Verfügung standen. Außerdem war unumstritten, dass Frauen diese schwere Arbeit, für die sie körperlich in keiner Weise geeignet waren, nicht sehr lange und eigentlich nur übergangsweise leisten konnten. Aber wie es mit Provisorien meist so geht – im Endeffekt halten sie länger als ursprünglich geplant. Mit dem Wegräumen der Trümmermassen, des überall herumliegenden Schuttes auf Straßen, Plätzen und den Wegen des öffentlichen Verkehrs musste umgehend begonnen werden, damit die Versorgung der Bevölkerung mit den wichtigsten Dingen des täglichen Bedarfs anlaufen konnte. Es durfte einfach kein Verweilen, keinen Aufschub geben. Die Arbeiten mussten auf der Stelle eingeleitet werden, auch wenn sonst noch so vieles im Argen lag. Schließlich hatten die Frauen auch ihre Kinder und Familien zu versorgen. Sie mussten das tägliche Essen »herbeizaubern«, für Unterkunft und Brennmaterial sorgen. Allein, ohne Hilfe! Wie sie das alles schafften, ist vielen von ihnen

Dresden: Noch 1950 wurden hier, in erheblich stärkerem Maße als in der Bundesrepublik, Trümmerfrauen eingesetzt und überdies für solche körperlich extrem schweren Arbeiten wie dem manuellen Bergen von Sandsteinblöcken.
Foto: SLUB/Dt. Fotothek, Höhne/Pohl

heute selbst ein Rätsel. Ruhe gab es nur dann, wenn dazu Zeit war. Und das war nicht oft. So sah damals das Leben einer Trümmerfrau aus.

Für die meisten Frauen in der Enttrümmerung galt der niedrige Stundenlohn für Bauhilfsarbeiter. Das waren beispielsweise 1947 in Dresden 0,96 Mark je Stunde, 1948 dann 1,04 Mark und 1949 lag der Stundenlohn bei 1,10 Mark. Ausgebildete Fachkräfte der Bauindustrie wurden entsprechend ihrer Tätigkeit weitaus höher entlohnt, z. T. um 100 %, wenn sie auf Leistungslohnbasis arbeiteten. Als Lebensmittelkarte galt für Trümmerfrauen die so genannte »Schwerarbeiterkarte 2«.

Die Tätigkeit einer Frau auf einer Ruine spielte sich dann etwa so ab: *»Und dann haben wir angefangen, mit so kleinen Feuerwehrhacken, auf diesen Schutthaufen, ein Stockwerk hoch«*, schreibt eine Trümmerfrau aus Hannover. Sie berichtet weiter: *»Immer, wenn Leute die Windmühlenstraße hoch kamen, fragten sie uns: »Waren Sie auch Nazis?« Denn die waren alle verpflichtet, auf solchen Schutthalden zu graben. Es gab also auch Männer, die da mitgraben mussten, aber hauptsächlich wir Frauen (...) Also: Wir waren drei Frauen und ein Mann. Und dann haben wir da angefangen zu hacken und haben da Steine rausgesucht und die Steine sauber gemacht und aufgestapelt. (...) Einmal hatten wir 1.000 Steine sauber gemacht und schön aufgestapelt. Und dann kam unser Chef und sagte: »Ja, der Architekt, der verkungelt uns die durch große Ladungen Sand«. Dann sind wir, zwei Männer und zwei Frauen, mit dem Fuhrwerk raus, ich glaube, in die Adelheid-*

Dieses Foto ist im Sommer aufgenommen, aber die Tätigkeit ist immer dieselbe – Trümmerfrauen 1946 beim Abklopfen von Ziegelsteinen in der Klosterstraße in Berlin. Foto: Landesarchiv Berlin

straße war das. Da war irgendwo ein Loch und aus dem haben wir den Sand rausgeschaufelt. Wir Frauen, bis oben auf den Bürgersteig, und die Männer dann auf den Wagen. Und da hatten wir eine Fuhre Sand. So war das organisiert damals.«

Trotz dieses Beispiels aus Hannover, dass in den westlichen Besatzungszonen lag, muss man aber klar und eindeutig feststellen: Die Bedeutung, die die Trümmerfrauen im Osten hatten, etwa in Berlin oder in Dresden, war deutlich größer als etwa in Hannover und in den anderen Städten der drei westlichen Besatzungszonen. Jene 3.000 weiblichen Arbeitskräfte etwa, die man in Hannover für die Enttrümmerung dringend benötigte, sind hier immer nur ein Wunschtraum geblieben, wie Thomas Grabe in seinem Buch beschreibt. Die Bereitschaft, sich freiwillig an der Räumung der Trümmer zu beteiligen, war so gering, dass Stadtrat und Verwaltung mehrfach den Versuch unternahmen, die Bevölkerung zwangsweise heranzuziehen. Entsprechende Ratsbeschlüsse, wie z.B. die vom 1. Juli 1946, wurden aber regelmäßig von der Militärregierung aufgehoben. Begründung: Dies seien »nationalsozialistische Methoden«! Damit wollte man nichts mehr zu tun haben.

So kam es, dass in den westlichen Städten in erster Linie der Arbeitskräftemangel für die

Ein Beispiel für Tausende: Trümmerfrau Gräfin von Bismarck (Urenkelin des bekannten Reichskanzlers) 1945 beim Steineklopfen in Berlin. Foto: Landesarchiv Berlin

Spitzkehren ermöglichten der Trümmerbahn an manchen Stellen, wie hier am 15. September 1947 am Bayerischen Platz in Schöneberg, auch das Befahren von großen Geröllhalden.
Foto: Landesarchiv Berlin

schlechten Ergebnisse der Schutträumung verantwortlich war. In Hannover waren beispielsweise Ende 1949 erst eine Million der rund 6,5 Millionen Kubikmeter Schutt geräumt, also etwa ein Siebentel in fast fünf Jahren! In der Sowjetischen Besatzungszone war das prozentuale Ergebnis zwar auch nicht besser, aber hier war der akute Materialmangel Schuld an der unzureichenden Entsorgungsleistung, nicht die fehlenden Trümmerfrauen. In Dresden wurden ganze Trümmerbahnstrecken immer wieder dorthin verlegt, wo nach sich ändernden Einsatzplänen gerade der größte Bedarf bestand. Ein Loch wurde gestopft und an anderer Stelle ein Neues aufgerissen, berichten Lenk/Hauptvogel in ihrer Abhandlung über die Dresdner Trümmerbahn. Ganz klar, dass so die Entsorgungszahlen gering sein mussten.

Auch in Westberlin klappte es mit den Enttrümmerungsleistungen nicht so wie es sollte. Aber das hatte einen ganz anderen Grund – der zumindest zeitweise Abzug der weiblichen Arbeitskräfte aus dem eigentlichen Enttrümmerungsdienst zum Neubauprojekt Flughafen Tegel in Reinickendorf. Dieser dritte Westberliner Flughafen wurde während der Berlin-Blockade in nicht einmal drei Monaten buchstäblich aus dem Boden gestampft – normalerweise dauert der Neubau eines Flughafens drei bis fünf Jahre. Rund 19.000 Westberliner bauten den Flughafen Tegel, davon waren 40 % Frauen. Das sind fast 8.000, die natürlich für die Enttrümmerungsarbeiten in der Stadt zu dieser Zeit fehlten. Die Aussicht auf einen Stundenlohn von 1,20 DM und eine warme Mahlzeit täglich waren natürlich viel lukrativer als die Arbeit auf einer normalen Trümmerbaustelle. Kein Wunder also, dass viele Berliner Trümmerfrauen sich um Stellen beim Bau des Flughafen Tegel bemühten. Zwar waren die Stellen in Tegel in kurzer Zeit besetzt, aber die Arbeitskräfte fehlten nun auf den übrigen Baustellen in der Stadt. Eine Besonderheit gilt es in Tegel noch festzuhalten: Trümmerbahnen mit festen Strecken und Fahrplänen kamen beim Bau des neuen Flughafens nicht zum Einsatz. Für den Transport der für die Rollbahnen benötigten riesigen Mengen Trümmerschutt, Ziegel, Asphalt und Schotter wurden in erster Linie Lastwagen und Trecker mit Anhänger verwendet. Nur ganz selten wurde eine kurze Feldbahnstrecke mit handgeschobenen Loren verwendet. Dies hatte jedoch zur Folge, dass die Ingenieure während des Baus laufend mit liegen gebliebenen und in der Märkischen Heide halb

Zwei Jahrzehnte liegen zwischen diesen beiden Aufnahmen vom Brandenburger Tor: 1929 war es mit der dahinter beginnenden Prachtstraße »Unter den Linden« das Zentrum der Großstadt, 1950 wurden die letzten Reste des verlorenen Krieges beseitigt. 11 Jahre später stand an dieser Stelle die Mauer. Fotos: Landesarchiv Berlin

Dresden 1946: Betonrundkipper ermöglichten mit dem drehbaren Trog das Entleeren des Inhaltes in jede Richtung. Das Gleis auf dem Schutt liegt oberhalb der Straße. Foto: SLUB/Dt. Fotothek, Höhne/Pohl

versackten Straßenfahrzeugen zu kämpfen hatten. Hier wären Trümmerbahnen eigentlich viel effektiver gewesen. Warum sie nicht in größerem Maße beim Bau der Tegeler Flughafens eingesetzt wurden, war trotz intensiver Recherchen nicht zu ermitteln. Auch Zeitzeugen, deren Zahl immer weniger wird, wussten keine Antwort.

Dass diese Zeitzeugen aber noch existieren, obwohl mehr als fünf Jahrzehnte schon vergangen sind, beweisen die Ausführungen von Lenk/Hauptvogel in ihrem Bericht über die Dresdner Trümmerbahnen. Lenk schreibt: *»50 Jahre sind vergangen, viele Trümmerfrauen und Trümmermänner leben nicht mehr oder haben ein hohes Alter erreicht. Die Erinnerungen an diese Zeit verblassen mit den Jahren. Private Fotografien waren selten, fehlendes Filmmaterial und die «Alltäglichkeit« der Trümmerbahn sind Gründe dafür. Im Mai 1998 veröffentlichten die beiden großen Tageszeitungen Dresdens, die Sächsische Zeitung und die Dresdner Neuesten Nachrichten, einen Aufruf zur Mitarbeit an die Leser. Das Ergebnis war erfreulich. Viele Menschen aus der Stadt und ehemalige Dresdner meldeten sich bei uns. Kurze*

So ging es los, nur zwei Monate nach Kriegsende: Am 19. Juli 1945 sah man auf den Baustellen in Berlin ausschließlich Trümmerfrauen. Die Männer kamen erst später aus dem Krieg zurück. Foto: Landesarchiv Berlin

Mittagspause 1946 zwischen Trümmern, Ruinen und jeder Menge Schrott. Ganz klar, dass die Arbeit der Trümmerfrau nicht gerade begehrt war. Und trotzdem musste sie getan werden. Foto: Landesarchiv Berlin

Informationen und Erinnerungen sowie abendfüllende, ergreifende Berichte fügten den Inhalt unserer Schrift zusammen. Alte Fotos wurden aus Familienalben genommen und uns zur Verfügung gestellt.«

Wie in Mangelzeiten in allen Wirtschaftsbereichen üblich, und das nicht erst seit dem Zweiten Weltkrieg, waren Frauen hauptsächlich in den Berufen anzutreffen, die ihnen auf längere Zeit weniger körperliche Anstrengungen abverlangten – im Fahr- und Überwachungsdienst, als Schrankenwärter, als Baggerführer, Kranfahrerin usw. So auch beim Enttrümmern der deutschen Großstädte. Schon weil der Anteil berufstätiger Frauen in Ostdeutschland grundsätzlich höher lag als im Westen, war dort auch die Zahl weiblicher Lokomotivführer bei den Trümmerbahnen weitaus größer. Es gab Zeiten, in denen in Dresden drei Viertel aller Schuttbahn-Lokomotiven von Frauen gefahren wurden. Diese Zahl galt nicht nur für die zum großen Teil einfacher zu bedienenden Dieselloks, sondern auch für die »qualmende« Konkurrenz, den Dampfmaschinen mit ihren unübersehbaren Nachteilen – Anheizen, Feuer unterhalten, Entschlacken, Wasserfassen und Kohlenfassen. Normalerweise war zwar ein separater Heizer oder eine Heizerin mit auf der Maschine, aber im Krankheitsfalle des Heizers griff die Lokführerin auch selbst zur Schaufel, um für den nötigen Dampf zu sorgen. Da bis 1958, dem Ende der Trümmerbahnen in Dresden, noch viel mit der landeseigenen Braunkohle geheizt wurde, die ein fast ununterbrochenes Beschicken des Feuers verlangte, kann man sich leicht vorstellen, dass die Besatzung einer im harten Trümmerbahnbetrieb eingesetzten Dampflok nach acht Stunden Dienst erschöpft den Führerstand verließ. Die körperliche Beanspruchung war hier, übrigens oftmals auch für Männer, einfach zu groß.

7. Der Arbeitsablauf bei den Trümmerbahnen

7.1 Berlin

Die Nachbarorte Berlin und Cölln wurden durch die brandenburgischen Markgrafen Otto III. und Johann I. im frühen 13. Jahrhundert in der Nähe der heutigen Museumsinsel gegründet. Dann war da noch von dem fernab im Norden liegenden Dorfe Weddigen die Rede und weit im Süden, inmitten märkischer Heide, bildeten einige Gehöfte das spätere Rixdorf. Im Laufe der Jahrhunderte wuchsen diese Dörfer zusammen und Berlin entwickelte sich zu einer Kultur- und Wirtschaftsmetropole ersten Ranges. Hinzu kam das explosionsartige Anwachsen der Stadt. Von 251.000 Einwohnern im Jahr 1825 hatte sich die Zahl der Berliner bis 1871 auf 932.000 fast vervierfacht und 1939 zählte man weit über vier Millionen Einwohner. Ebenfalls 1871 wurde Berlin die Hauptstadt des Deutschen Reiches. Zu Beginn des Zweiten Weltkrieges war Berlin mit einer Fläche von 883 km² die größte Stadt Deutschlands.

Um die spätere Räumung der riesigen Schuttmassen und die unterschiedliche Vorgehensweise in Ost- und Westberlin richtig verstehen zu können, soll hier kurz auf die politischen Verhältnisse innerhalb der Stadt, und wie sie entstanden, eingegangen werden. Nach der Kapitulation der Deutschen Wehrmacht am 8. Mai 1945 unterstellten die Siegermächte des Zweiten Weltkrieges die Stadt einer interalliierten Verwaltung, die zunächst

In der Berliner Masurenallee ist ein kombinierter Personen-Trümmerzug – fast könnte man sagen: ein Schmalspur-GmP – im Einsatz. Daneben rangiert auf Normalspur ein umgebauter Straßenbahnanhänger für den Schutttransport. Die Personenloren stammten von Schöma aus Diepholz.
Foto: Peter Cürlis, Berlin

Berlin 1948: Die von einer Jung-Diesellok gezogenen 2 m³-Kipploren werden hier an der Budapester Straße im Bezirk Charlottenburg neu beladen. Foto: Landesarchiv Berlin

Das ehemalige Romanische Café am Tauentzien im Berliner Westen muss Stück für Stück abgetragen und mittels der Trümmerbahn »entsorgt« werden (Mai 1950). Foto: Landesarchiv Berlin

nur aus den USA, Großbritannien und der UdSSR bestand. Hierzu hieß es im Londoner Protokoll: *»Das Berliner Gebiet – unter welchem Ausdruck das Territorium Groß-Berlins, wie im Gesetz vom 27.4. 1920 zu verstehen ist – wird gemeinsam von den bewaffneten Streitkräften der USA, des UK und der UdSSR, die durch die entsprechenden Oberkommandierenden dazu bestimmt werden, besetzt. Zu diesem Zweck wird das Gebiet von Groß-Berlin in die folgenden drei Teile eingeteilt:*

- *Der Nordöstliche Teil Groß-Berlins mit den Bezirken Pankow, Prenzlauer Berg, Mitte, Weißensee, Friedrichshain, Lichtenberg, Treptow und Köpenick wird besetzt von den Streitkräften der UdSSR.*
- *Der Nordwestliche Teil Groß-Berlins mit den Bezirken Reinickendorf, Wedding, Tiergarten, Charlottenburg, Spandau und Wilmersdorf wird besetzt von den Streitkräften…*
- *Der Südliche Teil Groß-Berlins mit den Bezirken Zehlendorf, Steglitz, Schöneberg, Kreuzberg, Tempelhof und Neukölln wird besetzt von den Streitkräften…«*

Bemerkenswert daran ist, dass demnach nur der nordöstliche Teil der einzige Bezirk war, der schon endgültig der sowjetischen Besatzungsmacht unterstellt wurde, die Gebietsansprüche der UdSSR also schon mehr oder weniger festgelegt waren. Über die Einteilung der Westsektoren war man sich scheinbar am Ende des Krieges

Aus der Sicht des Arbeitsschutzes betrachtet, würde das Anfahren eines solchen Trümmerberges wie hier am 24. Juni 1949 am Berliner Funkturm heutzutage von vielen Behörden strengstens verboten und unter Polizeiaufsicht gestellt werden – damals regte sich kein Mensch darüber auf.
Fotos: Landesarchiv Berlin

noch nicht ganz einig. Erst am 26. Juli 1945, also über zwei Monate später, bestimmte eine Zusatzvereinbarung, dass *»die Provisorische Regierung der Republik Frankreich als vierte Macht an der Besetzung Deutschlands und der Verwaltung Berlins beteiligt wird«*. Am 30. Juli 1945 billigte der Alliierte Kontrollrat die von der Interalliierten Regierungsbehörde erwogene Grenzziehung. Die Kommandanten des Berliner Kontrollorgans nahmen daraufhin in ihrer 4. Sitzung am 1. August 1945 die nunmehr endgültigen Grenzen aller vier Sektoren Berlins verbindlich an. Der französische Sektor umfasste demnach die beiden Bezirke Wedding und Reinickendorf, ursprünglich Bestandteile des britischen Sektors (E. Grewe: Das besetzte Berlin).

In Berlin lagen nach Kriegsende über 70 Millionen Kubikmeter Trümmer und Schutt – eine wahrhaft unvorstellbare Menge. Der Anblick der zerstörten Großstadt war derartig deprimierend, dass der US-Sonderberater Harry P. Hopkins nach einem Flug über die Ruinenfelder am 24. Mai 1945 abends in sein Tagebuch schrieb: *»Das ist das zweite Karthago!«* Und dabei hatten die Amerikaner Berlin zu diesem Zeitpunkt noch nicht einmal gründlich erkundet und kennen gelernt, denn erst im Juli 1945 marschierten die Westmächte in der Stadt ein. Vorher war die Truppen der Roten Armee die alleinigen Herren in der Stadt.

Berlin galt nicht nur als die am meisten zerstörte Stadt Deutschlands, sondern auch als das häufigste Ziel von Luftangriffen. Laut Girbig wurden bei insgesamt 310 Angriffen rund 50.000 Menschen getötet und unersetzbare Kulturgüter vernichtet. Bezogen auf das Frühjahr 1945, dem absoluten Höhepunkt der Angriffe nicht nur auf Berlin, fielen über 400.000 t Bomben auf das deutsche Land; allein Berlin erlebte in diesem Zeitraum 84 Luftangriffe! Nach fünf Jahren, acht Monaten und acht Tagen schwiegen die Waffen endlich. Für die Deutschen in den vier Besatzungszonen begann die Stunde Null. Fortan bestimmten der Schwarzmarkt, häufige Hamsterfahrten und die Arbeit der Trümmerfrauen den Alltag. Erst nach und nach kehrten die deutschen Soldaten aus der Gefangenschaft zurück.

Doch ist es nicht interessant, dass sich gerade ein Engländer nach der Schlacht um Berlin gegen einen »Totalen Bombenkrieg« aussprach? Und dies in einer Zeit, da man eine Weiterführung des Luftkrieges ohne Einschränkungen befürwortete.

■ **Ostberlin: Im April 1946 fanden in der Frankfurter Allee, der späteren Stalin-Allee, die ersten Enttrümmerungsarbeiten statt, zu denen auf 600 mm-Gleis dieser Trümmerzug mit einer Jung ZL 105 eingesetzt wurde. Sechs Jahre später, im März 1952, verfügte man hier über eine vollspurige Bahn, die sowohl für die Restenttrümmerung als auch für das Prestigeobjekt »Berlins neue Prachtstraße Stalinallee« zuständig war.**
Fotos: Landesarchiv Berlin

Aber General Fuller hielt dagegen: »Städte und nicht Trümmerhaufen sind die Grundlagen unserer Zivilisation!«

Doch um die deutschen Städte und mit ihnen Berlin wieder aus den Trümmern auferstehen zu lassen und zu Stätten normalen Lebens umzuwandeln, bedurfte es nicht nur einer Kapitulationsvereinbarung, sondern vor allem hohen Investitionen in Arbeitskräften, Maschinen, Verkehrseinrichtungen und Finanzmitteln – und gerade davon

Diese Momentaufnahme dokumentiert den enormen Verfall, den der Berliner Westen mit Hardenbergstraße und Gedächtniskirche innerhalb von nur wenigen Jahren durchmachte. Das pulsierende Herz der Weltstadt mit Verkehr, Varietees, Restaurants und Geschäftshäusern war 1948 eine fast ausgestorbene Gegend, in der nur der Lautsprecherwagen vom RIAS mit den neuesten Nachrichten einige wenige Mitmenschen anzog. Foto: Landesarchiv Berlin

fehlte es nach dem verlorenen Krieg an allen Ecken und Enden.

Die Aufgabe, vor der die zerstörten Städte standen, war gewaltig: Die Bomben hatten die Mehrzahl der Bauten und Wohnhäuser in Schutt und Asche verwandelt. Das große Aufräumen für den Neubeginn im zerstörten Berlin lag anfangs in den Händen der Frauen. So hat sich denn bis heute das Bild der Trümmerfrau, das hier in Berlin seinen Anfang nahm, in der Erinnerung gehalten: Frauen die in Kitteln, Kopftuch und Schürze, manchmal ohne Arbeitshandschuhe, in langen Ketten Eimer, Steine, Schutt oder Dreck von Hand zu Hand weiterreichten! Begehrt war diese Arbeit nicht, aber sie musste getan werden, wenn überhaupt wieder etwas zum Laufen kommen wollte.

Die geschätzten 70 bis 75 Millionen Kubikmeter Trümmer mussten weggeräumt werden – nur Feldbahnen vermochten solche Mengen wegzutransportieren. Feldbahnen waren bei vielen großen Baufirmen und auch dem Militär im Einsatz. Ganz klar, dass sie nun auch für den

In der Nähe des Kurfürstendamms, schon vor dem Zweiten Weltkrieg eine der Berliner Prachtstraßen, entstand 1947 diese Aufnahme. »Hier war janischt mehr los«, nur eine Trümmerbahn tat ihre Arbeit. Foto: Landesarchiv Berlin

Um 1947 ist eine Deutz-Diesellok (11 PS) auf 600 mm breiten Gleisen mit ihrem kurzen Lorenzug mit dem Abtransport des Trümmerschutts in Wilmersdorf beschäftigt. Foto: Landesarchiv Berlin

Schutt-Transport herangezogen wurden. Schon Ende 1945 arbeiteten 254 Baufirmen bei der Enttrümmerung in Berlin. Zu diesem Zeitpunkt waren bereits 28 km Schienen verlegt; 1946 erreicht das Streckennetz eine Länge von über 50 km. Und Ende 1947 durchzog ein Trümmerbahnnetz rund 240 km Länge die gesamte Stadt – Dampfbahnen, mit Dieselloks betriebene Strecken und einfach von Hand bewegte Loren, die auf schnell und primitiv verlegten Stichgleisen bewegt und nur zum Heranbringen von Schutt an die Hauptstrecken benutzt wurden.

Am 26. Juni 1948 begann die Berliner Luftbrücke – das größte Lufttransportunternehmen aller Zeiten. Doch so genial diese Luftbrücke mit ihrer Logistik auch war – die Trümmerbeseitigung in

Berlin geriet dadurch vorübergehend ins Hintertreffen. Am 9. September 1948 hielt Ernst Reuter vor 350.000 Berlinern vor dem Reichstag seine berühmte Rede – *»Ihr Völker der Welt! Schaut auf diese Stadt und erkennt, dass Ihr diese Stadt und dieses Volk nicht preisgeben dürft und nicht preisgeben könnt.«* Das war keine einfache Polemik, das war bittere Notwendigkeit! Denn ohne Hilfe von außen wäre Berlin verloren gewesen. Nur wenigen Berlinern ist heute noch bekannt, dass die Fläche für die Kundgebung vor dem Reichstagsgebäude wenige Tage vorher erst mühsam von Schutt und Trümmern geräumt werden musste, damit die Menschen überhaupt ein Plätzchen zum Zuhören fanden. Und dass Lautsprecher und Elektrik fast sprichwörtlich »auf den letzten Drücker« mühsam zusammengesucht werden mussten, damit man Ernst Reuter auf dem Platz der Republik auch bis in den letzten Winkel verstehen konnte.

Ein halbes Jahr später waren hier schon zwei Trümmergleise mit 600 mm Spurweite verlegt und der Schuttberg deutlich kleiner, wohingegen die Ruine des Eden-Hotels (im Hintergrund) aber immer noch auf ihren Abriss wartete. Foto: Landesarchiv Berlin

Das bekannte und beliebte Hotel Eden am Eingang der Kurfürstenstraße: Im Winter 1945/46 beginnt an dieser Stelle die Enttrümmerung, die sich bis fast zur Währungsreform hinziehen sollte.
Foto: Landesarchiv Berlin

In der übrigen Stadt waren mittlerweile rund 100 Lokomotiven und über 4.000 Kipploren mit 250 Lokführern und Heizern auf dem größten Trümmerbahnnetz Deutschlands im Einsatz. Es gab sogar komplett eingerichtete Lokomotivstationen mit Werkstätten – richtige Bahnbetriebswerke. In Ostberlin stand neben der Volksbühne im Bezirk Mitte ein solches Bahnbetriebswerk, ein Zweites befand sich zwischen dem Märkischen Museum und dem Bärenzwinger. Im Oktober 1950 entstand ein Betriebshof in der Voltairestraße. Dort bot ein gemauerter Lokschuppen zwölf Dampf- und sechs Diesellokomotiven Platz. Auf acht Abstell- und Rangiergleisen wurden bis zu 250 Kipploren untergebracht.

23. Juli 1947: Der Friedrichshain-Bunker, einer der drei großen Flak-Bunker in Berlin, während des Zuschüttens. Man beachte die interessante Verlegung der Trümmerbahngleise von vorn links nach hinten oben. Ein Zehn-Loren-Zug mit Dampflok wird gerade entladen. Foto: Landesachiv Berlin

Im Westteil der Stadt wurde das erste Hauptgleis Ende 1945 gelegt und zwar an einem Ruinenblock zwischen Lenné- und Stresemannstraße, der vorher zu diesem Zweck vollkommen abgerissen wurde. Dadurch erhielt man den nötigen Platz, um das Trümmerbahngleis mit 900 mm Spurweite anstandslos auf Fahrbahnniveau zu versenken, damit es später keine Holperstrecke für den Straßenverkehr bildete. Die Strecke verlief dann weiter, am Brandenburger Tor vorbei zum Reichstagsufer und von dort zur Charlottenburger Chaussee. Auch hier achtete man darauf, diese später als Trümmer-Hauptentsorgungsstrecke vorgesehenen Gleise bündig auf Straßenoberseite zu montieren, damit der Verkehr auf der Charlottenburger Chaussee nicht behindert wurde. Geplant war, die Trümmerbahn durch den Schnellbahntunnel im Zuge der alten Siegesallee zu führen, was sich letztlich aber als unmöglich erwies. Das Gleis in der Lennéstraße nahm später noch einen weiteren Hauptstrang aus der Friedrich- und der Leipziger Straße auf. Ein weiteres Hauptgleis derselben Spurweite, mit der Strecke in der Lennéstraße aber nicht identisch, führte von der Prenzlauer Straße über die Neue Friedrichstraße zur Burgstraße und von dort, zusammen mit einer zweiten Trümmerbahnstrecke aus der Oberen Friedrichstraße, über Pank- und Invalidenstraße zum Spandauer Schifffahrtskanal. Nach Zwischenlagerung am Schinkelplatz entstand hier eine Verladerampe für den Wassertransport des anfallenden Schutts mit Lastkähnen nach Ketzin an der Havel. Hier wurden die Schuttmassen zur Aufhöhung des versumpften Geländes verwendet. Zeitweise fungierte auch der weltberühmte Gendarmenmarkt, als zentraler Schuttabladeplatz, bevor die Verladeeinrichtung am Schinkelplatz fertig wurde. Die Trümmer aus der Dorotheen- und Mittelstraße transportierte man zum Reichstagsufer. Und im März 1946 erfolgte auch die Freiräumung der Behrenstraße, um das Metropoltheater wieder nutzen zu können.

Ziegelverarbeitungs- und Wiederverwertungsanlagen standen in Berlin am Humboldthafen, am Mombijouplatz, am Reichstagsufer, an der Kieler Straße, an der Michaelkirch-Brücke und am Weinsbergweg. Eine weitere Anlage entstand 1946 in der Kaiserhofstraße und diese war etwas

Besonderes: Mithilfe eines neu entwickelten Bindemittels, dessen Zusammensetzung die Firma geheim hielt, konnte auch bisher unverwertbarer Schutt zu neuen Bauplatten gepresst werden, wie die »Berliner Zeitung« am 3. März 1946 berichtete.

Anfang 1946 arbeiteten bereits 4.500 Menschen bei 34 Baufirmen allein an der Enttrümmerung der Innenstadt. Weitere neun Unternehmen rissen ein oder beseitigten Gefahrenstellen. Auf dem Schienennetz rollten zu diesem Zeitpunkt und allein innerhalb des Stadtbahnringes von Berlin bereits etwa 600 Kipploren, gezogen von anfangs lediglich sechs Diesel- und drei Dampfloks. Später sollten sich diese Zahlen fast verzehnfachen, jedenfalls was die Zahl der Lokomotiven betrifft. Ab Frühjahr 1946 wurden weitere große Löffel- und Greif-Bagger, Zugmaschinen und Planierraupen bereitgestellt, da die Trümmerbeseitigung immer größeren Umfang einnahm.

Zum Enttrümmern von teilweise noch stehenden Gebäuderesten mussten alte Feuerwehrwagen mit ihren langen Leitern eingesetzt werden, um über bestehende Schuttberge überhaupt an Häuserwand- und Fassadenruinen heranzukommen. Händeringend wurden dafür Spezialkräfte mit Erfahrungen auf diesem Gebiet gesucht.

Was war das für eine Schinderei, große Kipploren von Hand zu beladen, mit nichts als Schaufel und Pickel. Im Vordergrund ein selbst gebauter »Prellbock«. Aufgenommen in Wilmersdorf, vermutlich um 1947. Foto: Landesarchiv Berlin

Eine Jung ZL 105 auf 760 mm Spurweite: Der Lorenzug (je 2 m³) wird mittels eines schweren Dieselbaggers beladen (um 1947). Foto: Landesarchiv Berlin

Dringend suchte man auch zusätzliche Trümmerfrauen als Bau-Hilfsarbeiterinnen und Facharbeiter als Kolonnenführer, Lokfahrer und Baggerführer. Die Sonderausführung einer großen Zugmaschine fungierte als so genannte »Trümmerhexe«, mit deren starker Seilwinde ganze Wände eingerissen und umgelegt werden konnten – eine sehr gefährliche Arbeit, für die immer wieder neue Fachkräfte ausgebildet werden musste, die sich alsbald, wer kann es ihnen verdenken, nach einer weniger gefährlichen Arbeit umsahen.

Darüberhinaus mussten die unterschiedlichen Schuttablade-, Aufbereitungs- und Verwertungs-Anlagen erst einmal gebaut und montiert werden – auch dafür wurden natürlich Schlosser, Schweißer, Transportbandfachleute und Ingenieure ge-

In der Jebenstraße in Charlottenburg erreichte die Trümmerbahn 1948 beachtliche Höhen im Vergleich zur Stadtbahnstrecke im Hintergrund, auf der gerade ein S-Bahn-Zug vorbeirauscht. Foto: Landesarchiv Berlin

braucht, also Fachpersonal, das es zumindest anfangs noch gar nicht gab. Mitte 1946 waren ca. 5.000 Mitarbeiter mit dem Räumen der Trümmer beschäftigt, in erster Linie Frauen. Diese Zahl steigerte sich in den folgenden Jahren, auch bedingt durch die zunehmende Vielfalt der Aufgaben, auf etwa das Zehn- bis Fünfzehnfache. Allein für den unbedingt notwendigen Umbau des Flughafens Tempelhof zurzeit der Berliner Luftbrücke ab Sommer 1948 – Erweiterung der Rollbahnen, Bau von Lade- und Entladeeinrichtungen usw. – wurden rund 5.000 bis 6.000 Mitarbeiter benötigt. Daneben wurde der Flughafen Tegel vollkommen neu gebaut und erforderte weitere 19.000 Arbeitskräfte, die teilweise rund um die Uhr in drei Schichten tätig waren. Aber zu diesem Zeitpunkt waren bereits überall die Straßen geräumt, S- und U-Bahnen, Bus und Straßenbahn fuhren wieder. Und auf 240 km Trümmerbahngleisen herrschte ein lebhafter Verkehr, auch wenn der öffentliche Personenverkehr durch den zunehmenden Treibstoff- und Strommangel im Westteil der Stadt stark eingeschränkt fuhr. Während der Luftbrücke war allgemein um 18 Uhr Betriebsschluss.

Man wird es kaum glauben, aber durch den großen Material-Mangel auf allen Gebieten und besonders bei den Transporteinrichtungen, fuhren Berliner Trümmerbahnen auf acht verschiedenen Spurweiten. Es gab Strecken mit 500 mm, 600 mm, 700 mm, 760 mm, 800 mm, 900 mm, 1000 mm und Normalspur 1435 mm. Letztere wurde ab März 1951 von der DDR für den Bau der Stalinallee in Friedrichshain eingesetzt. Die »Hauptlinien« des Netzes für die Abfuhr des Trümmerschutts, die meist mehrere Kilometer lang und im Straßenniveau verlegt waren, fuhren auf den größeren Spurweiten – die kleinen Stichstrecken mit handgeschobenen Loren naturgemäß meist auf 500 oder 600 mm.

Schon vor dem Krieg gab es eine Reihe von schmalspurigen Werkbahnen mit den Spurweiten

Im Dezember 1952 quält sich eine Dampflok auf einem 760 mm-Gleis mit ihren schwer beladenen 2 m³-Loren ab, die scheinbar keinen Trümmerschutt, sondern Splitt oder Sand geladen haben. Dem Nummernschild nach muss das Bild im Osten Berlins entstanden sein. Foto: Landesarchiv Berlin

»Der Fahrdienstleiter gibt den Abfahrauftrag«, so könnte es beinahe heißen. Dieses Foto wurde um 1948 an der Fürst-Bismarck-Straße in der Nähe des Reichstags im Berliner Bezirk Tiergarten aufgenommen. Foto: Landesarchiv Berlin

500 mm, 600 mm, 630 mm, 700 mm, 750 mm, 760 mm, 800 mm, 860 mm, 900 mm und 1000 mm, die z. B. mit Lokomotiven von Henschel, Deutz, Jung und Orenstein & Koppel betrieben wurden. Nach dem Krieg kamen dann auch Maschinen der polnischen Lokomotivfabrik Chrzanów hinzu, die zwischen 1939 und 1945 zum Henschel-Konzern gehörte und in dessen Auftrag u.a. 100 Bn2t-Baulokomotiven für 600 mm Spurweite herstellte. Alle diese Maschinen drängten nach 1945 auf den Berliner Trümmerbahn-Markt, sodass hier eine einmalige Typenvielfalt herrschte. So wurden in Berlin u.a. Exemplare der polnischen Cn2t-Tenderlok des Typs »Las« eingesetzt, die man nur an der Spree antraf. Von diesem Typ – »Las« bedeutet Wald – wurden 640 Einheiten produziert, die auch nach Albanien, Bulgarien, China und Rumänien geliefert wurden. Anders als der Name vermuten lässt, erhielten Forstbahnen nur sehr wenige Exemplare, die dann mit einem Kobelschornstein ausgerüstet waren. In Deutschland sind diese Loks noch heute bei verschiedenen Museumsbahnen in Betrieb – ein Beweis für ihre Robustheit.

Überhaupt bildeten die schienengebundenen Verkehrsmittel in den schweren Nachkriegsjahren die Basis des Transportwesens. Andere Verkehrsträger standen kaum zur Verfügung. Von 1945 bis etwa 1951 wurden die Berliner Trümmerbahnzüge von Dampf- und Dieselloks, die zwischen 1920 und etwa 1942 gebaut wurden und früher Baufirmen gehörten, gezogen. Ab 1950 konnten diese, meist stark verschlissenen Triebfahrzeuge durch Neubaulokomotiven z.B. des VEB Lokomotivbau »Karl Marx« Babelsberg ersetzt werden. Von dort stammt übrigens auch die Lok 44, die nach ihrer Trümmerbahnzeit als Industrielokomotive weiterverwendet wurde. Heute, nach einer gründlichen Aufarbeitung in den 80er-Jahren ist die Maschine bei der Berliner Parkeisenbahn in der Wuhlheide im Einsatz. Der Hintergedanke ist dabei, gerade jungen Menschen sowie den vielen großen und kleinen Fahrgästen eine Vorstellung von Feldbahnen und speziell den Trümmerbahnen zu vermitteln. Dazu kann die Lok wahlweise mit fünf beladenen Loren einen echten Trümmerbahnzug aus der Zeit nach 1945 darstellen.

Die Enttrümmerung Berlins ging schon los, als noch Krieg war, wie diese Aufnahme nach dem Luftangriff vom 23. August 1943 in der Thorwaldsenstraße in Steglitz beweist. Die sauber auf Straßenniveau verlegten Gleise der Trümmerbahn kreuzen an der Lenbachstraße die Schienen der Straßenbahn. Foto: Landesarchiv Berlin

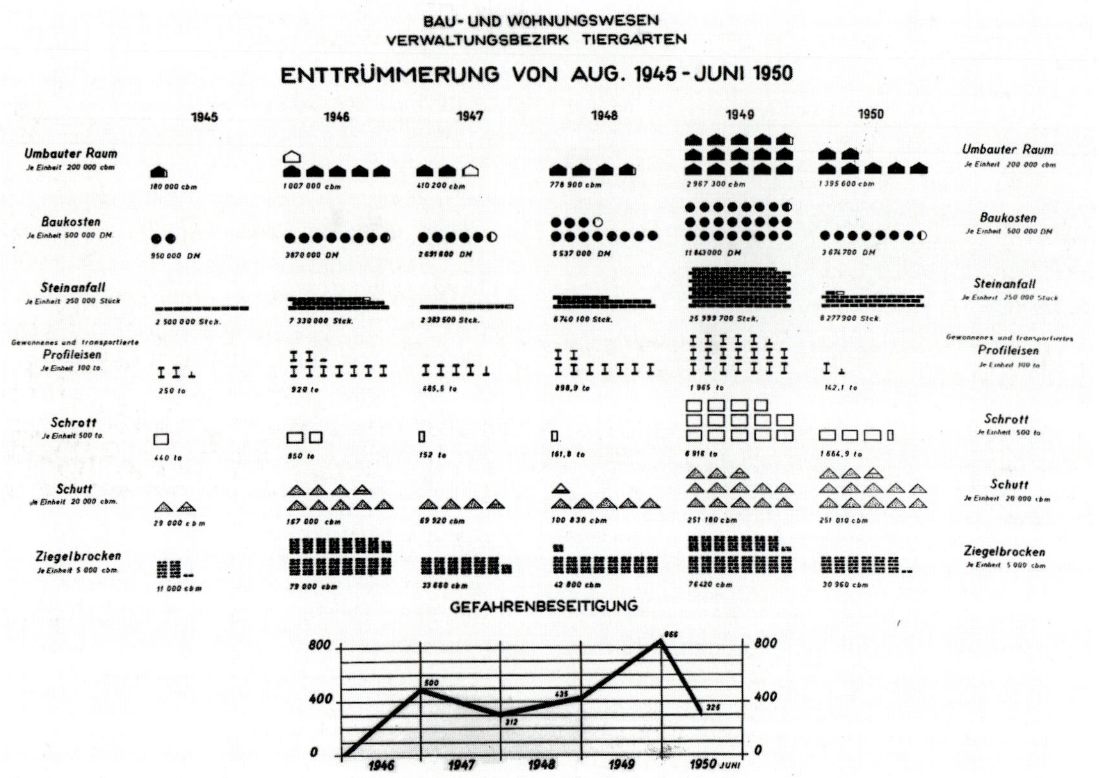

Eine interessante Grafik der Enttrümmerungsleistung von 1945 bis 1950 im Bezirk Tiergarten: Entsprechend der Aufstellung war in Tiergarten 1949 das mit Abstand beste Jahr der Trümmerräumung. Fast drei Millionen Kubikmeter Schutt wurden in diesem Bezirk abgeräumt. Foto: Landesarchiv Berlin

Was geschah nun mit diesen vielen Millionen Kubikmetern Schutt und Schrott, die nicht in den Aufbereitungsanlagen wiederverwendet werden konnten? Da waren zuerst einmal die drei »Großbunker« in Friedrichshain im Ostteil der Stadt, am Zoo im Berliner Westen sowie am Humboldthain neben der S-Bahnstation Gesundbrunnen zuzuschütten. Diese Bunker hatte man nach dem Krieg teilweise gesprengt, allerdings nicht mit großem Erfolg, denn dazu waren sie zu massiv gebaut. Hier ragten noch schwere Brocken, teilweise ganze Türme, aus dem Riesenberg von Betontrümmern und Stahlarmierung heraus und diese galt es zu verdecken. Und obwohl später eine dicke Erdschicht und jede Menge Bewuchs und Neuanpflanzungen über diese monströsen Bunkerreste und die darüberliegenden Millionen Kubikmeter Trümmerschutt gezogen wurde, hat man sie nie ganz verstecken können – einzelne Reste und Ecken ragen selbst heute noch aus dem Grün heraus. Weitere große Schuttabladestellen in Westberlin, um nur die wichtigsten zu nennen, entstanden am Postfenn im Grunewald sowie in der Nähe des Prellerwegs in Steglitz. Der angeschüttete Mont Klamott im Grunewald heißt heute »Teufelsberg« und der

Scherbelino am Prellerweg ist »Der Insulaner«, der später sogar mit einer modernen Sternwarte aufwarten konnte.

Im Ostteil der Stadt wurden 1950 über zwei Millionen Kubikmeter Trümmerschutt auf den Bunker im Friedrichshain geschüttet. Ab April 1951 gab es eine neue 13 km lange Trümmerbahnstrecke in Normalspur vom Alexanderplatz nach Friedrichsfelde, die später noch eine Verbindung zum Osthafen erhielt. Ab 1952 hatte dann diese Trümmer(abfuhr)bahn eine neue Aufgabe: Baumaterialtransporte vom Osthafen zu den Baustellen in der Stalinallee, der früheren Frankfurter Allee. Erst 1959 hatten die Trümmerbahnen in Berlin endgültig ausgedient.

Um dem Leser einen Eindruck der Trümmerentsorgung nur eines einzigen Bezirkes zu vermitteln, wie sie in Berlin nach dem Kriege aber in allen Stadtteilen durchgeführt wurde, sei am Beispiel des Bezirks Tiergarten zwischen 1946 und 1950 erläutert. Hierzu hat die Abteilung Bau- und Wohnungswesen aufgeschlüsselt: Die Abfuhr per Trümmerbahn für 1947 belief sich demnach auf 82.900 m³ im Gegensatz zur Lkw-Abfuhrleistung von nur 20.680 m³. Für 1948 wurden per Trümmerbahn 116.340 m³ gezählt, wohingegen der Lkw in diesem Jahr 42.860 m³ abfuhr; 1949 galten 216.710 m³ für die Bahn und 110.890 m³ für den Lkw. Die Trendwende von der Bahn zum Lkw trat also 1949 ein. Bis dahin hatten die Trümmerbahnen im Bezirk Tiergarten rund das Vierfache gegenüber dem Lkw befördert, 1949 aber nur noch das Doppelte. Noch gravierender wurde es 1950, hier kehrte sich nun das Verhältnis ganz um: Nur noch 78.350 m³ beförderten die Trümmerbahnen in Tiergarten, der LKW aber 204.720 m³. Es ist daraus zu schließen, dass es bereits im zweiten vollen Jahr der D-Mark und im

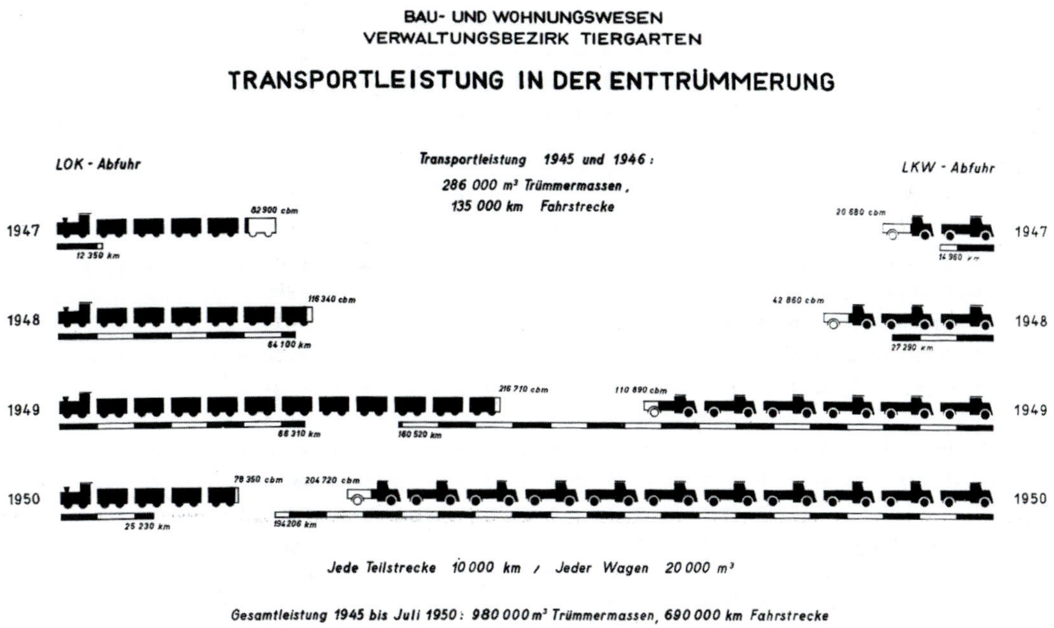

Hier die Transportleistung der Enttrümmerung in Tiergarten: Von 1945 bis 1946 in zusammenaddierten Werten und von 1947 bis 1950 streng aufgeteilt nach Trümmerbahn- und Lkw-Leistungen. Wohlgemerkt : nur für den Bezirk Tiergarten! Foto: Landesarchiv Berlin

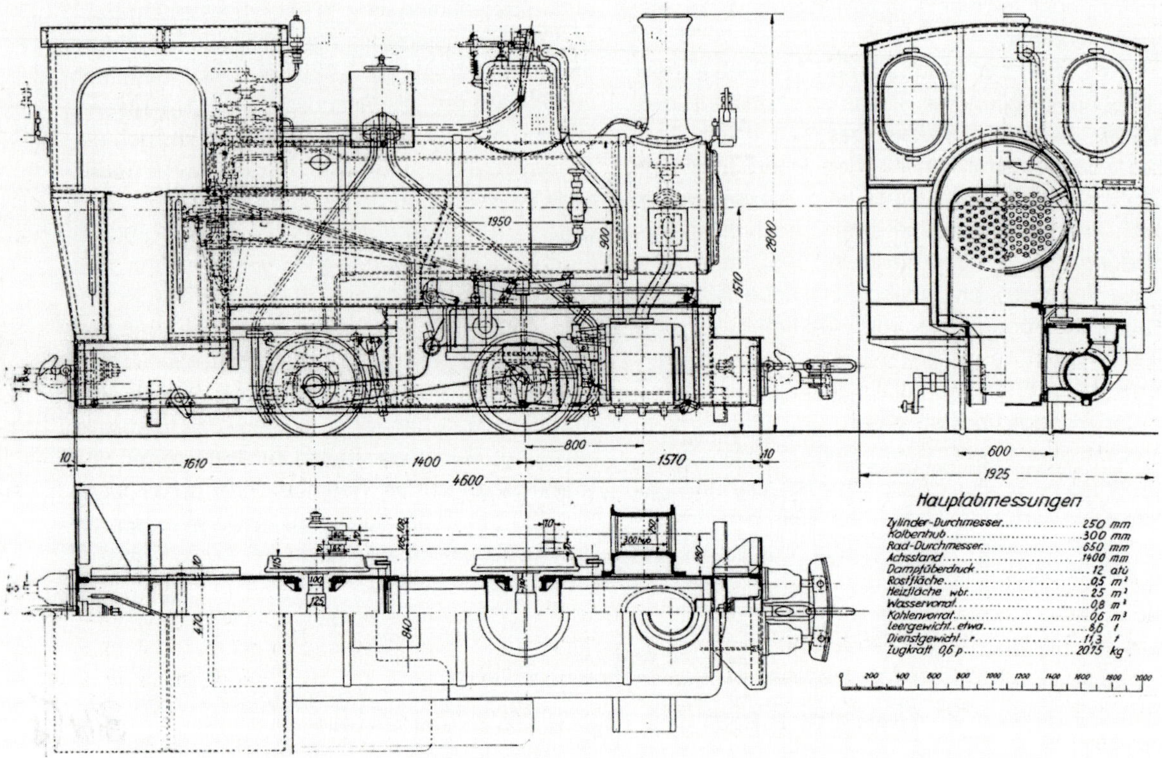

Zeichnung einer Baulok des Typs »Riesa« mit 70 PS, von der in Ost- und Westberlin rund 25 Stück im Trümmerdienst eingesetzt waren. Diese Skizze von Henschel & Sohn stammt aus dem Jahre 1940. Foto: Slg. Gottwaldt

ersten nach der Berliner Luftbrücke erste Anzeichen für eine sich konsolidierende Wirtschaft gab. Die Abkehr von der Interimslösung Trümmerbahn, zumindest im Westen der Stadt, ist jedenfalls unverkennbar. Die grafische Darstellung zeigt dem interessierten Leser die Art der gefundenen Rohstoffe, auf die man beim Enttrümmern so wesentlichen Wert legen musste: Was wurde wann und wie viel im Bezirk Tiergarten gefunden? Aus dieser Zeichnung sind besonders die enormen Leistungen des Jahres 1949 ersichtlich sowie die äußerst geringen Funde zwei Jahre zuvor. Für diesen eklatanten Unterschied gibt es zwei Gründe: Zum einen waren die gesamten Enttrümmerungsleistungen 1947 sowieso äußerst niedrig, zum anderen muss bedacht werden, dass der überaus strenge Winter 1946/1947 hier seine Auswirkungen zeigte. Bis in das Frühjahr 1947 hinein war der Boden metertief gefroren und das Absuchen der Schuttmassen nach Schrott, Profileisen und dergleichen dementsprechend schwierig. Auch die Neubautätigkeit wurde durch diese lange Frostperiode stark beeinträchtigt. Deutschland war zwei Jahre nach Kriegsende noch immer nahezu lebensunfähig, das Geld war wertlos, die Bevölkerung hungerte und fror. Auch die Industrieproduktion war 1947 auf 30 % des Standes von 1938 gesunken. Außerdem trugen die Demontage und Reparationen das ihrige zur katastrophalen Situation Deutschlands bei. Allerdings

Die Bedeutung der drei großen »Flakbunker« in Berlin wurde bereits erläutert. Welche Riesenprobleme diese Giganten aber bereiteten, als sie nach dem Kriege in Grünflächen umgestaltet werden sollten, wird auf dieser Aufnahme vom Zoobunker erst richtig erkennbar: Trotz stärkster Sprengmittelkonzentration konnte man nämlich dem schweren Betonkörper über Monate hinweg nur stückweise zu Leibe rücken. Mittels Trümmerbahn und Millionen von Kubikmetern Schutt deckte man das Geröll- und Moniereisengewirr schließlich Schicht um Schicht zu und überzog das Ganze dann mit Erde und Pflanzen. Doch noch heute ragen am Humboldthain Betonbrocken aus dem Grün...
Foto: Bildarchiv Preußischer Kulturbesitz

muss bei der Betrachtung der Grafiken aber bedacht werden, dass es sich hierbei nur um einen einzigen Berliner Bezirk handelt, für den diese Zahlen ausgewiesen wurden. Insgesamt bestand Westberlin aus zwölf und Ostberlin aus acht Bezirken.

7.2 Dresden

In der Sowjetischen Besatzungszone (SBZ) wurde die andere Welt schon gleich nach dem Zweiten Weltkrieg augenfällig. Die Revue der roten Anzeigen begann, die mit Spruchbändern und Monumentalporträts östlicher Prominenz Fassaden, Ruinengrundstücke, Bahnhöfe und Sportplätze schmückte. Zu dem monotonen Grau der Trümmer stand dieses optische Geschrei der roten Kampfparolen in einem krassen Widerspruch.

Neben Berlin war Dresden die bedeutendste Stadt der DDR. Dresden war und ist seit August dem Starken die wahre deutsche Kunststadt mit den großen Baudenkmälern: der Frauenkirche von Georg Bähr, der Oper von Gottfried Semper und der Dresdner Galerie, dem Zwinger von Pöppelmann. Ein weiterer Ruhm Sachsens, wie Paul Fechter ihn beschreibt, sind Philosophie und Musik – und seine Landschaft. In diesen Zauber aus Natur und Kunst schlugen 1945 die Bomben

Dresden im Frühjahr 1950, fast wie ein Hauptbahnhof: Ein leerer Kipplorenzug mit Dampflok befährt, von der Kippe Ostragehege kommend, die umfangreichen Gleisanlagen am Altmarkt. Im Hintergrund ein Lagerplatz für vormontierte Gleise.
Foto: SLUB/Deutsche Fotothek, Höhne/Pohl

■ **Die O & K-Dampflok in der Pfarrgasse (Innenstadt von Dresden) trägt Ende 1950 die Aufschrift »Lokführer, Signale im Fahrbetrieb verhüten Unfälle!«**
Foto: SLUB/Deutsche Fotothek, Höhne/Pohl

in Dresden ein. In nur einer Nacht wurde aus einer der schönsten Städte Deutschlands ein Torso aus Trümmern, Ruinen, Schutt und Asche. In zahlreichen Veröffentlichungen wurde bereits über die Zerstörung Dresdens berichtet, über die Enttrümmerung aber nur in Ansätzen. So ist dem Beitrag von Michael Lenk und Ralf Hauptvogel über die Dresdner Trümmerbahnen ganz besondere Beachtung zu schenken.

In den ersten Stadtratsitzungen spielte die Bergung von Baustoffen eine wesentliche Rolle. Bereits am 13. Juli 1945 bildete sich der *»Ausschuß zum Wiederaufbau der Stadt Dresden«*, womit nach außerordentlich kurzer Zeit nach dem Ende der Kampfhandlungen die planmäßige Räumung und Enttrümmerung der Stadt in Angriff genommen werden sollte. Das Ergebnis dieser ersten Zusammenkunft war jedoch, der Wiederherstellung und Sicherung von Wohnraum mit Teilschäden Vorrang zu geben und größere Abbrucharbeiten zunächst zurückzustellen.

Am 31. Juli 1945 verabschiedete der Stadtrat im Einvernehmen mit dem Wiederaufbau-Ausschuss eine Vorlage, die am 15. August im Nachrichtenblatt der Stadt veröffentlicht wurde – die *»Verordnung über die Sicherstellung von Baustoffen aus bombengeschädigten Grundstücken«*. Darin hieß es: *»Sämtliche Baustoffe aus bombengeschädigten Grundstücken wie Holz, Ziegel, Dachsteine, Schiefer, eiserne Träger, Rohre, Heizungsanlagen, Öfen, Bleche aller Art, Nägel, Beschläge, Glas, Leichtbauplatten, Dachpappe, Isolierstoffe usw. sowie alle in Panzersperren, Geschützständen und sonstigen Befestigungsanlagen eingebaute Stoffe werden hiermit für den Wiederaufbau der Stadt Dresden sichergestellt.*

Anträge auf Genehmigung der Bergung sind vom Eigentümer binnen zwei Wochen ab Bekanntgabe dieser Verordnung an die für das betreffende Grundstück zuständige Bezirks-Bauverwaltung zu stellen.

Wird innerhalb dieser Frist vom Eigentümer kein Antrag gestellt, kann die Baustoffstelle nach Stellungnahme der Bezirksbauverwaltung die Genehmigung zur Bergung und Verwendung selbst durchführen, sofern öffentliches Interesse vorliegt.

Die Genehmigung kann, sofern öffentliches Interesse vorliegt, unter der Bedingung erteilt werden, dass die Bergung innerhalb einer bestimmten Frist durchgeführt wird. Wird diese Frist ohne zwingenden Grund nicht eingehalten, verfällt das

Im ersten Jahr der Enttrümmerungsarbeiten in der Dresdner Christianstraße wartet eine 11 PS starke Deutz-Diesellok vom Typ OME 117 F mit ihrem Zwei-Loren-Zug auf das Beladen durch einen Dampfbagger.
Foto: SLUB/Deutsche Fotothek, Höhne/Pohl

zu bergende Gut entschädigungslos an die Stadt. Die Bergungskosten können dem Eigentümer ganz oder teilweise auferlegt werden.

Der Wert der geborgenen Baustoffe wird durch die Bezirksbauverwaltung unter Berücksichtigung der vom Bergungsunternehmen vorzunehmenden Schätzung festgesetzt und ist von diesem an den Eigentümer zu bezahlen, oder zugunsten des Eigentümers bei der Bezirksbauverwaltung zu hinterlegen, sofern er nicht erreichbar ist.« Ursprünglich war im Entwurf dieser Verordnung noch der Zusatz enthalten: *»Zuwiderhandlungen werden mit dem Entzug der Lebensmittelkarte bestraft!«* Aber diese Strafandrohung entfiel später.

Ein weiteres Problem stellte die Finanzierung des Wiederaufbaus dar. Erste grobe Schätzungen des Gesamtschadens beliefen sich auf rund 12 Milliarden Reichsmark. Die hatte man natürlich nicht, also wurde für die Finanzierung der ersten Sicherungs- und Reparaturmaßnahmen ein Spendenaufruf an die Bevölkerung erlassen! Diese als *»Wiederaufbauopfer«* bezeichnete Geldsammlung war zunächst zwischen dem 29. Juli und 12. August 1945 geplant, wurde aber wegen des großen Erfolges anschließend verlängert. Es wurden Spenden von 5,- RM bis 1.000,-RM erzielt, wobei Einzelspenden bis zu 70.000 RM (!) eingingen. Zwischen August 1945 und Mitte 1946 kamen auf diese Weise fast 5 Millionen Reichsmark in die Kassen der Stadt Dresden. Dieser Erfolg ist sicherlich auf das sehr große Interesse der Dresdner am Wiederaufbau ihrer Stadt zurückzuführen. Jedenfalls konzentrierte sich die rege Teilnahme nicht nur auf hohe Spendenbereitschaft, sondern auch auf die aktive Beteiligung der Dresdner an den Planungen für ihre neue Stadt. Hierzu ein Beispiel, das eindeutig am Ziel vorbeiging, jedoch aus heutiger Sicht zum Nachdenken zwingt: *»Das Zentrum wird aufgeräumt und trümmerfrei gemacht. Aus den trümmerfreien Zentrumsflächen erwächst das monumentale, lebendige Denkmal*

1950 in der Dresdner Innenstadt: Dieser leere Kipplorenzug mit seiner kleinen O & K-Dampflok soll wohl von Hand beladen werden, denn ein Bagger ist nirgends zu sehen. Foto: SLUB/Deutsche Fotothek, Höhne/Pohl

Im Februar 1952 waren weite Teile Dresdens wie hier an der Schulgut/Ecke Rathenaustraße noch nicht geräumt. Die Schuttberge hatten aber bereits Bewuchs. Im Hintergrund die Ruine der Johanniskirche. Die abgebildete O & K-Diesellok vom Typ RL 2 war zu diesem Zeitpunkt schon recht betagt und trug daher den Beinamen »Opa«.
Foto: SLUB/Deutsche Fotothek, W. Möbius

Dresden Ende 1946: Die Enttrümmerung der Innenstadt läuft an. Hier sind die Gleise der soeben installierten Trümmerbahn mit Weiche und bereitgestellten Kipploren schwerer Bauart zu erkennen.
Foto: SLUB/Deutsche Fotothek, R. Peter sen.

der Arbeit und des Schaffens. Aus den ehemaligen Trümmerflächen klingt die Sinfonie des 20. Jahrhunderts in Stein gewordener Zweck-Ideen. Werkhalle ersteht neben Werkhalle. Grünflächen, Sportplätze und Meetingplätze unterbrechen die Eintönigkeit der Industriewerke. Statt zu versuchen, das Alte wiederherzustellen bzw. das Zerstörte wieder zusammenzuflicken, soll Dresden auch städtebaulich das Fanal einer neuen Zeit und Bauordnung sein.« Und ein Grafiker und Werbefachmann schrieb am 21. Juni 1945 allen Ernstes: *»Die Trümmer der Innenstadt belassen, Nord-Süd- und Ost-West-Verbindungen als Geschäfts-Straßen neu bauen. Die Innenstadt von einem hohen Wall mit vier Stadttoren umgeben.«* Glücklicherweise gingen aber nicht sehr viele Meinungen in diese Richtung.

Die durchaus realistische Zuschrift eines Pirnaer Bürgers lautete dagegen: *»Der Fremdenstrom wird sich aber nie dorthin ergießen, wo nur*

An einem kalten Februartag 1952 fährt auf der zweigleisigen Strecke am Terrassenufer ein vollbeladener Lorenzug in Richtung Kippe. Im Hintergrund Dresdens größtes Ministerialgebäude sowie links die zerstörte Carolabrücke. Foto: SLUB/Deutsche Fotothek, W. Möbius

Am 4. September 1950, einige westdeutsche Städte wie Frankfurt, Karlsruhe oder München haben ihre Trümmerräumung bereits abgeschlossen, ist in Dresden die Räumung des Bereichs Scheffelstraße/Wilsdruffer Straße gerade voll angelaufen. Eine Gmeinder-Diesellok rangiert mit ihrem schwer beladenen Acht-Loren-Zug. Im Hintergrund ist die später abgerissene Sophienkirche zu erkennen. Foto: SLUB/Deutsche Fotothek, o.A.

Das ehemalige Residenzschloss in Dresden im November 1949. Soeben kreuzt die Trümmerbahn mit einer Jung-Lok (Typ ZL 130) die Straßenbahnschienen auf der Sophienstraße. Foto: SLUB/Deutsche Fotothek, o.A.

eintönige Zweckbauten sich befinden. Würden so die historischen Kulturbauten und Kunstschätze fast alle restlos verschwinden, so verlöre ein Besuch Dresdens wohl völlig seinen Reiz für uns und alle Fremden.« Diese Meinung vertraten dann auch die Stadt und die Denkmalpflege. Das zeigen schon die 1945 begonnenen Sicherungsmaßnahmen an einigen historischen Bauwerken – am Zwinger, am Schlossturm und bei Steinbergungen an der Dresdner Frauenkirche. In einem Monatsbericht der Baudenkmalpflege vom 23. Dezember 1945 ist trotz akutem Baustoffmangels von Sicherungsarbeiten an Ruinen von Bürgerhäusern die Rede. Dazu gehörten u.a. Reinigungsarbeiten der Hauptgesimse, Beseitigung loser Bauteile, Zementanstrich auf gefährdeten Mauerkronen. Es ist erstaunlich, dass sich noch Ende 1945 auch viele Vorschläge mit der Schuttbeseitigung auf andere Weise als mit Trümmerbahnen befassten. In der Ausstellung »Das neue Dresden« konnte man die Idee einer Seilbahn bestaunen. Mit dieser 3.500 m langen Transportbahn auf Pfeilern und Stützen sollten die Schuttmassen der Innenstadt zu einem Haldengelände auf die Höhenzüge dicht außerhalb der Stadtmauern transportiert werden. Die zu überwindende Höhe hätte dabei 85 m betragen und es sollte eine Förderleistung von täglich 1.000 m^3 Schutt erreicht werden. Ein anderer Vorschlag eines Dresdner Architekten: Auf einem etwa 200.000 m^2 großen, rechteckigen Gelände der Pirnaischen Vorstadt sollten zwei Millionen Kubikmeter Trümmer 12 m hoch aufgeschüttet werden. Das so entstehende Plateau wollte der

Im Frühjahr 1950 sind auch die Enttrümmerungsarbeiten rund um den Altmarkt in vollem Gange. Zu Entgleisungen wie hier kam es bei dem hohen Verschleiß und kleinen Steinen sowie Geröllresten in den Rillenschienen sehr häufig.
Foto: SLUB/Deutsche Fotothek, Höhne/Pohl

Baumeister mit einer aus 100.000 m³ Sandsteinbrocken und Betonresten gebauten Stützmauer einrahmen. Auf dem Plateau sollten dann Wohnhäuser und Grünanlagen entstehen. Der Schutt sollte mit Feldbahnen und Schrägaufzügen hierher transportiert werden. Natürlich lehnte die Stadtverwaltung auch diesen Vorschlag ab.

Zurück zur Realität: Am 5. Januar 1946 legte Dresden als erste deutsche Großstadt einen Aufbauplan vor. Dieser bildete die Grundlage für die teilweise Abkehr von dem über Jahrhunderte gewachsenen innerstädtischen Straßennetz und der kleinteiligen Grundstücksbebauung. Breite Hauptstraßen, große Plätze, Grünflächen und relativ geringe Bebauungsdichte sollten zukünftig die Dresdner Innenstadt prägen. Daneben sah der Plan den Aufbau vieler kulturhistorisch wertvoller Bauwerke vor. Schon im September 1945 hatte der Wiederaufbau des Dresdner Zwingers begonnen.

Und nun begann auch die systematische Enttrümmerung der sächsischen Metropole und zwar sehr professionell. Nachdem in der zweiten Hälfte 1945 die meisten Hauptstraßen bereits geräumt und viele leichtbeschädigte Wohnungen winterfest gemacht worden waren, ging man nun an die Räumung der großen Trümmerflächen. Die damals auch in Dresden tätige Baufirma Philip Holzmann AG wandte sich am 20. Dezember 1945 an die Stadtverwaltung. Unter dem Titel *»Lösung der Probleme der Beseitigung, Aufbereitung und Verwertung der in Dresden lagernden Trümmer- und Schuttmassen«* legte sie eine Untersuchung mit Berechnungen und Kostenkalkulationen vor. Als ins Auge gefasste Fläche wählte Holzmann ein etwa 1,6 km² großes Gebiet im Dresdner Stadtteil Johannstadt aus. Die hier lagernden Schuttmassen betrugen 690.000 m³, wovon 70 bis 80 % als wiederverwendbar eingestuft wurden. Ein Viertel des Trümmerschutts, also ca. 170.000 m³, sollten abgefahren werden. In einer zentralen Aufbereitungsanlage in Johannstadt plante Holzmann eine Trennung und Verwertung der Trümmer. Mit den gewonnenen Rohstoffen sollten in einem geplanten Beton-Werk Fertigbetonteile für Dächer und Decken hergestellt werden. Als Standort für die Aufbereitungsanlage sah man den zentral gelegenen Dürerplatz vor. Hier sollte der Trümmerabbau und die -aufbereitung in folgenden Arbeitsstufen erfolgen:

Dresden, März 1950: Ein vollbeladener Trümmer-Zug mit Jung-Dampflok wartet am Taschenbergpalais auf freie Fahrt. Foto: SLUB/Deutsche Fotothek, Höhne/Pohl

Im Bereich Zwinger/Residenzschloss wartet um 1952 eine ältere Jung-Dampflok des Typs »Hilax« an der Kreuzung Sophienstraße/Taschenberg die Vorbeifahrt der Straßenbahn-Linie 15 ab.
Foto: SLUB/Deutsche Fotothek, Höhne/Pohl

»1. Beseitigung der Ruinen durch Sprengung. Die Ruinenteile werden mit Raupengerät zur Straße gezogen und anschließend mit Druckluftgeräten zerkleinert (verladefähig, max. 80 cm Kantenlänge).

2. Ein Dampf-Greiferbagger mit 1,5 m³ Greifkorb löst, als Kran arbeitend, aus dem Trümmerhaufen die Trägerteile heraus. Mit dem Greifer werden Trümmer aus den Kellerräumen und den rückwärtigen Gebäudehälften geborgen. Die Schuttmassen werden mit dem nachfolgenden Hauptlösegerät (Greiferbagger) zur Straßenfront gefördert.

3. Größere Bauwerksreste werden mit Druckluftgeräten zerkleinert, da die Brech- und Mahlanlage innerhalb der Aufbereitungsanlage nur Bruchstücke bis max. 80 cm Kantenlänge erfassen kann. Außerdem kann der Laderaum der Transportmittel so besser genutzt werden.

4. Das Hauptlösegerät (Löffelinhalt 1,5 m³) verlädt die Trümmer direkt auf die Transportmittel.

5. Ein Nachkommando planiert das Grundstück per Handbetrieb und schafft damit die Voraussetzung für den Neubau.

6. Die Abfuhr der Massen erfolgt mittels 90er-Spur-Gerät, mit Dampflokomotiven und Kastenkippern. Vorsortierte Werksteine werden mittels gleicher Transportbahn auf Plattenwagen mit 3 bis 4 t Tragfähigkeit der Aufbereitungsanlage zugeführt.«

Nach diesem sehr detaillierten Arbeitsplan legte man das »90er-Spur-Gerät« fest: Die Transportbahn sollte eine maximale Länge von 1,5 km bis zur Aufbereitungsanlage aufweisen. Die Gleislage war in der Straßenmitte geplant, entsprechende Anschlussstrecken sollten je nach Bedarf in angrenzende Seitenstraßen führen. Am Dürerplatz sollten die für eine Trümmerbahn notwendigen Abstellgleise, Werkstätten sowie Wasser- und Kohleaufnahmen gebaut werden. Die erste Trümmerbahn Dresdens sollte vom Dürerplatz über Dürerstraße, Stephanienstraße und Blumenstraße zum Käthe-Kollwitz-Ufer geführt werden. Interessant ist auch, dass eine Spurweite von 900 mm zwar geplant war, in Dresden aber nie zum Einsatz kam. Es sollten 90 PS-Dampfloks und Kastenkipper mit 2 m³ Fassungsvermögen zum Einsatz kommen. Durch die Aufschüttung des Elbufers

Bei den Dresdner Trümmerbahnen wurden recht häufig Jung-Dieselloks verwendet. Hier sieht man davon gleich zwei ZL 105 mit jeweils 22 PS und weiblichen Lokführern, deren Lorenzüge im Bereich Bürgerwiese gerade durch Dampfbagger beladen werden.
Foto: SLUB/Deutsche Fotothek, Höhne/Pohl

zwischen Fetscherstraße und Blasewitz auf einer Breite von 150 m hoffte man auf eine mögliche Ablagerungskapazität von insgesamt 1,5 Millionen Kubikmeter Schutt.

Am 29. Januar 1946 erteilte Oberbaurat Abth der Firma Holzmann den Auftrag zur ersten Großflächenräumung der Stadt Dresden und zum Bau der ersten Trümmerbahn, die letztlich in 600 mm Spurweite gebaut wurde. Der Grund dafür war einfach: Es fehlte »90er-Spur-Gerät«, jedenfalls zu diesem Zeitpunkt. Auch der Aufbau der Trümmerverwertungsanlage wurde genehmigt. Auf dieser Baustelle kamen zwei Dampf-Bagger, ein Elektro-Greifbagger, eine Planierraupe, drei Dampfloks, eine Diesellok, ein 70 m langes Förderband, zwei Druckluftkompressoren, 5 km Gleis und 70 Muldenkipper zum Einsatz. Die Gesamtinvestition belief sich auf 2,674 Mio RM. Dadurch ergab sich ein durchschnittlicher Preis für die Beseitigung und Aufbereitung von einem Kubikmeter Trümmermasse von 13,37 RM beziehungsweise umgerechnet von 7,40 RM je Tonne. Da noch keine Erfahrungen auf dem Gebiet der Trümmerräumung vorlagen, wurde vereinbart, dass Holzmann nach dreimonatigem Probe-Betrieb die echten Enttrümmerungskosten vorlegen würde. Ab dem 27. Juni 1946 betrugen sie dann 10,28 RM je Kubikmeter.

Übrigens wurde die erste Trümmerkippe Dresdens eine der wichtigsten und größten Ablagerungsgebiete der Stadt. Erst im Sommer 1952, nach sechs Jahren Betriebszeit, wurde sie mit dem Abbau der 600 mm-Trümmerbahn Innenstadt – Johannstadt–Käthe-Kollwitz-Ufer geschlossen.

Die Arbeitsgemeinschaft Zentra/Dr.-Ing. Müller GmbH wurde mit der Enttrümmerung der sich anschließenden Gebiete in Johannstadt bis zur Güntzstraße beauftragt. Eine dritte Großbaustelle befand sich kurze Zeit später im Gebiet der Christian-, Lüttichau- und Prager Straße in der Nähe des Hauptbahnhofs. Diese Trümmeraufbereitungsanlage wurde 1946 in Betrieb genommen und war damals die größte ihrer Art auf dem Gebiet der späteren DDR.

In der Nähe der Dresdner Struvestraße in Johannstadt entstand schon 1946 eine Trümmeraufbereitungsanlage, mit deren Abfall gerade ein Trümmerzug mit Dampflok beladen wird. Foto: SLUB/Deutsche Fotothek, Höhne/Pohl

Auf dem Gelände des ehemaligen Carolahauses an der Arnoldstraße errichtete die Dr.-Ing. Müller GmbH ein Zwischenlager für Trümmerschutt. Hierzu verlegte die Müller GmbH ein Abfuhrgleis mit 600 mm Spurweite vom Carolahaus durch die Arnold- und Blumenstraße in Richtung der Johannstädter Elbwiesen.

Die Firma Holzmann, die inzwischen auch auf 600 mm-Spur »umgestiegen« war, legte das eigene Gleis vom Dürerplatz durch die Arnoldstraße und schloss es hier an das Gleis der Arbeitsgemeinschaft Carolahaus (Müller) an. Beide Firmen nutzten das Gleis zur Kippe auf dem Gebiet der früheren Vogelwiesen an der Elbe gemeinsam. Das Kippengelände allerdings war für beide Firmen getrennt. Der Förderbetrieb sollte Ende August 1946 anlaufen. Doch dazu kam es vorerst nicht. Am 11. Oktober 1946 richtete Holzmann ein Schreiben an den Rat der Stadt Dresden und beschwerte sich über ausbleibende Zementlieferungen. Die teilweise schon begonnenen Fundamente der Großaufbereitung könnten ohne Zement nicht fertig gestellt werden. Im Antwortschreiben der Stadt wurden die von Holzmann vorgebrachten Beschwerden zurückgewiesen. Bis April 1946 habe Holzmann bereits 74 t Zement, das entspricht 75 % der zugesagten Gesamtmenge, erhalten.

Ob nun wirklich Zementmangel oder andere Interessen der Betreiberfirma die Gründe dafür waren, dass die geplante große Aufbereitungsanlage auf dem Dürerplatz nie fertig gestellt wurde, ist heute nicht mehr nachvollziehbar. Stattdessen baute man hier auf den schon fertigen Fundamenten eine Kleinanlage, die im Spätsommer 1946 ihren Betrieb aufnahm.

Eine zur geplanten Großaufbereitung auf dem Dürerplatz vergleichbare Anlage entstand jedenfalls zur selben Zeit an der heutigen St. Petersburger Straße. Und auch nicht durch Holzmann, sondern durch eine Arbeitsgemeinschaft der Firmen Dyckerhoff & Widmann und Grün & Bilfinger. Die Hintergründe kann man nur erahnen.

Interessant sind die Kurzberichte der Stadt zum Stand der Bauarbeiten, hier ein Beispiel vom 29. Mai 1946:

»Baustelle Dürerplatz,
Blasewitzer-, Nicolai-, Gerok-, Fetscher- und Stephanienstraße:

Die Baustelle befindet sich im Aufbau. 217 Arbeitskräfte (28 Facharbeiter, 60 Männer und 113 Frauen als Hilfskräfte) arbeiten auf der Baustelle. 200.000 Ziegelsteine wurden geborgen, geputzt und gestapelt. Aus wiederaufbaufähigen Häusern beräumte man 2.700 m³ Schutt. Der Fortschritt der Arbeiten leidet unter Transportschwierigkeiten, Facharbeitermangel und Zementmangel. Geplante Ausgaben im Haushaltsplan 900.000 RM.

Baustelle Christianstraße,
Christian-, Sidonienstraße, Georg-Platz, Lüttichaustraße und Bürgerwiese:

Die Baustelle wird eingerichtet. 167 Arbeitskräfte (43 Aufsichts- und Facharbeiter, 35 Tiefbauarbeiter und 89 Frauen) sind im Einsatz. 900 t Sandsteinstücke wurden ausgesondert, 40.000 Ziegelsteine geputzt. Der Aufbau der Aufbereitungsanlage leidet unter empfindlichem Mangel an Fachkräften. Geplante Ausgaben im Haushaltsplan 900.000 RM.

Baustelle Thomas-Münzer-Platz,
Käthe-Kollwitz-Ufer, Neubert-, Pfotenhauer- und Elsässerstraße:

636 Arbeitskräfte, darunter 310 Frauen sind im Einsatz. Im Berichtsmonat putzten die Arbeiter 160.000 Ziegel; 300 m³ Sandstein sonderten sie aus. Zur Kippe Vogelwiese wurden 15.000 m³ Schutt mit der Trümmerbahn gefahren und abgekippt. Die Gneisenaustraße ist vollständig beräumt. 50 Häuser stehen für den Wiederaufbau zur Verfügung. 1,5 Mio. RM an Haushaltsmitteln stehen für die Baustelle bereit.

Baustelle Carolahaus,
Pfotenhauer-, Güntzstraße, Güntzplatz, Holbeinplatz, Elisen-, Striesener-, Stephanienstraße, Tatzberg, Hertel-, Neubert-, Blumenstraße, Bönischplatz: Die Baustelle ist im Anlaufen. 445.000 RM stehen aus dem Stadthaushalt zur Verfügung. 64 Arbeitskräfte (10 Facharbeiter, 14 Männer und 40 Frauen als Hilfsarbeiter) sind vorhanden.

Baustelle Narrenhäusel,
auf dem Gelände der bekannten, gleichnamigen Gaststätte am Neustädter Brückenkopf der Augustusbrücke:

Die Baustelle ist in vollem Betrieb, 64 Arbeitskräfte haben 1.600 m³ Trümmer beseitigt. Für die Beräumung der Fläche zwecks Neubau eines Hotels stehen 150.000 RM zur Verfügung.

Baustelle Postplatz:
An den Abbrucharbeiten der Ruinen sind 48 Arbeitskräfte beteiligt (18 Facharbeiter, 6 Männer und 24 Frauen als Hilfsarbeiter). 800 m³ Trümmer wurden beseitigt und mit der Straßenbahn nach Stetzsch abgefahren. Die Leistung lässt sich nicht steigern, da die Straßenbahn größere Schuttmassen nicht abfahren kann.«

Wie aus diesen Berichten und dem weiterem Briefwechsel zwischen Stadt und beteiligten Baufirmen hervorgeht, muss es damals zu erheblichen Spannungen untereinander gekommen sein, von denen die nachfolgenden Briefausschnitte einige Beispiele geben können. So schrieb die Bauleitung Johannstadt an den Oberbürgermeister: *»Die Firma Funke arbeitet sehr mangelhaft und stellt Preisforderungen, die weit über dem Normalen liegen. Z.B. 1 m^3 Boden mit Bagger laden: 1,98 RM; Monatsmiete Bagger: 800 RM. Die Firma Funke & Co. ist wegen alter Beziehungen zur Stadtverwaltung ohne ordentliche Ausschreibung zu ihrem Auftrag gekommen. Bei Nichtzahlung der hohen Preise droht die Firma mit dem Abzug des Baggers und weiterer Technik.«* Daraufhin antwortete die Firma Funke & Co. an die Bauleitung Johannstadt: *»In den letzten Wochen wurde wiederholt festgestellt, daß Sabotage betrieben wird. Zum Beispiel wurden an den Lokomotiven Luftflaschen aufgedreht, Werkzeuge auf der Straße herumgeworfen und damit unbrauchbar gemacht. Bei einer Lok ist die Batterie zerschlagen. Jeden Morgen sind Weichen mit Eisen und dergleichen verrammelt. Am 9.4. stand ein 1,75 m^3-Wagen auf der Weiche quer, obwohl alles mit Wächtern bewacht ist. Wir bitten diese Vorfälle evtl. mit Hilfe der Polizei abzustellen.«*

Diese Schreiben wiederholten sich mehrfach, ohne dass eine Besserung der Situation eintrat. Nur wenige Wochen später verschärfte sich die Situation noch: *»Laut Befehl veranlaßte die Sowjetische Stadtkommandantur am 11.6.1946 den Abzug des Baggers von der Baustelle Thomas-Münzer-Platz, um eigene Bauvorhaben durchzuführen.«* So jedenfalls liest es sich in den Original-Akten und wenn 1946 sowie in den Folgejahren die Enttrümmerungsquoten in der SBZ manchmal nicht erreicht wurden, so ist die Beschlagnahme in der geschilderten Art zumindest einer der Gründe dafür. Denn den Schutt von Hand zu verladen, bedeutet in jedem Fall eine erhebliche Leistungsverminderung.

Doch sei es wie es sei: Ende 1946 fasste der Jahresbericht der Stadt Dresden die wichtigsten durchgeführten Arbeiten zusammen, die hier gekürzt wiedergegeben werden sollen:

- *»Erstmaliger Beginn der Groß-Trümmerbeseitigung ganzer Stadtteile als Vorbereitung für den Wiederaufbau.*
- *Im Oktober nahmen zwei Aufbereitungsanlagen im Bereich Christianstraße und am Dürerplatz ihren Betrieb auf.*
- *Die Beräumung des Postplatzes und der Sophienstraße ist abgeschlossen.*

An der Vorsortierung Pragerstraße lässt ein Bagger 1946 Schutt auf eine Siebrutsche fallen und trennt damit den Feinmörtel von größeren Ziegelsteinen, die per Kipplore gleich abtransportiert werden. Von Staubmasken als Atemschutz konnten die Mitarbeiter an diesem Arbeitsplatz damals nur träumen.
Foto: SLUB/Deutsche Fotothek, Höhne/Pohl

- *In der Ringstraße hat die Totalräumung begonnen.*
- *Die Baustelleneinrichtung am Neuen Rathaus ist im Gange. Der Schutt wird mit Großgerät verladen und mit der Trümmerbahn zum Kippgelände Ilgen-Kampfbahn gefahren.*
- *Die Ausschreibung »Beräumung der Bürgerwiese« ist erfolgt.«*

Insgesamt wurden neun Baustellen betrieben, auf denen vier Großfirmen und 23 kleinere Bauunternehmen im Einsatz waren. Auf diesen Baustellen waren insgesamt 1.250 Mitarbeiter tätig – davon 180 Facharbeiter und Aufsichtspersonal, 510 Männer und 560 Trümmerfrauen. An Maschinen und Einrichtungen waren sieben Dampf- und Dieselbagger, 20 Dampf- und Dielselloks, 140 Muldenkipper und 7 km Gleis installiert. Der Gesamtkostenaufwand belief sich auf rund 1,55 RM.

An Werkstoffen wurden gewonnen:

- Beräumte Trümmer- und Schuttmassen: 110.000 m^3,
- Abgefahrener, unverwertbarer Schutt: 70.000 m^3,
- Anzahl der abgeputzten und gestapelten Ziegelsteine: 1.800.000 Stück,
- Aussortierte und wiederverwendbare Sandsteinstücke: 4.600 Stück,
- Geborgener Schrott: 700 t.

Wenn man diese Angaben mit den Zahlen von 1951/1952 vergleicht, kann man nur von einem bescheidenen Anfang sprechen. 1946 fehlte es einfach an allem: an Arbeitskräften, Technik, Baumaterial und Hilfsstoffen. Überdies mussten die noch vorhandenen, unzerstörten Industrieausrüstungen und Teile der Infrastruktur zum großen Teil als Reparationsleistungen an die Sowjetunion ausgeliefert werden. Ohne Übertreibung ist es daher beeindruckend, dass überhaupt ein Anfang gemacht werden konnte. Doch nichtsdestotrotz folgten in Dresden schwere Jahre!

Eine knappe Meldung der Baubehörde an den Oberbürgermeister beschreibt kurz die komplizierte Lage: *»Die Mauerziegelproduktion von 1947 wird nur ein Viertel gegenüber 1946 betragen.«* Diese, schon im Abschnitt über »Berlin« festgestellte Situation hatte hier wesentlich ernstere Gründe: Die Demontage eines Großteils der noch verbliebenen Fabriken, die angespannte Energie- und Brennstoffsituation und die immer noch hungernde Bevölkerung der Großstädte waren Alltag in jener Zeit. Große Betriebe, wie das unzerstörte Sachsenwerk Dresden-Niedersedlitz, wurden auf sowjetischen Befehl bis zur letzten Schraube ausgeräumt und als Kriegsentschädigung gen Osten abtransportiert. In dem für die Energieversorgung der Stadt Dresden wichtigen Pumpspeicherwerk Niederwartha musste die eigene Belegschaft alle Maschinensätze und die Rohrleitungen ausbauen. Einige Nebenstrecken der Reichsbahndirektion Dresden mussten auf höheren Befehl komplett demontiert werden; aus viergleisigen Hauptstrecken wurden eingleisige Bahnlinien. Da es nur wenig kontingentierten Kraftstoff und keine Reifen und Ersatzteile für Lastwagen gab, litt auch der Transport auf der Straße erheblich.

Trotzdem weitete sich die Trümmerräumung in Dresden gegenüber 1946 aus. Das Amtliche Nachrichtenblatt vom 25. Januar 1947 gibt dazu Auskunft:

»Die Blöcke innerhalb der Altstadt wie Elbberg, Terrassenufer, Käthe-Kollwitz-Ufer, Fetscherstraße, Fetscherplatz, Nicolaistraße, Canalettostraße, Stübelplatz, Grunaer Straße, Pirnaischer Platz, Moritzring, Rathenauplatz, sowie die Grundstücke zwischen Friedrichsring und Waisenhaustraße werden bereits bzw. demnächst beräumt.

Geräumt wird auch beiderseits der Christianstraße in rd. 150 m Gesamtbreite zwischen Sidonienstraße und Bürgerwiese, einschließlich des Blocks zwischen Walpurgis-, Lüttichau- und Struvestraße.

Die Blöcke innerhalb der Altstadt wie Neustädter Markt, Hauptstraße, Ritterstraße, Altendresdner Straße, Wiesentorstraße und Elbufer befinden sich in Arbeit.«

Mit der Enttrümmerung der vollständig zerstörten Pirnaischen Vorstadt erstreckten sich jetzt die Aufräumungsarbeiten von der Johannstadt bis

Ein bekanntes Foto aus Dresden, ebenfalls von 1946, zeigt die Verladestelle Johannstadt-Christianstraße. Der Trümmerzug aus sehr stabilen Loren, gezogen von einer Maffei-Dampflok die von Dyckerhoff & Widmann gemietet war, wird hier mittels eines Dampfbaggers beladen. Unter dem Firmenschild der Lok steht das Datum der Inbetriebnahme: 12. September 1932! Foto: SLUB/Deutsche Fotothek, Höhne/Pohl

zur östlichen Grenze des Stadtzentrums. Die zur Schuttabfuhr genutzten Strecken beförderten die Trümmer zur vorhandenen Kippe an den Johannstädter Elbwiesen. Zwischen Portikusstraße und Bürgerweise wurden zusätzlich 854 m Feldbahngleis gelegt, das sich an die bereits seit Oktober 1946 in Betrieb befindliche Trümmerbahnstrecke vom Neuen Rathaus zur Ilgen-Kampfbahn (heute Rudolf-Harbig-Stadion) anschloss. Im Bereich der Kippe selbst wurden weite Grünflächen westlich und südlich der Kampfbahn aufgefüllt und damit das gesamte Terrain erhöht. Natürlich wurde vorher der kostbare Mutterboden entfernt. Diese innerstädtische Kippe und die dazugehörige Trümmerbahn waren immerhin fünf Jahre in Betrieb. Erst Ende März 1951 endete ihre Nutzung.

Ab 1949 erhalten die Trümmerbahn(haupt)-strecken in Dresden feste Zuordnungsnummern, die sich wie folgt aufgliederten:

T 1 Altmarkt–Schlossstraße–Devrientstraße–Kippe Ostragehege.

T 2 Holbeinplatz–Käthe-Kollwitz-Ufer–(Dürerplatz-) Kippe Käthe-Kollwitz-Ufer, Strecke Rathaus–Georgplatz–(Portikusstraße-) Bürgerwiese–Kippe Ilgen-Kampfbahn (Teilstrecke).

Das Jahr 1949 brachte für die Dresdner und alle Deutschen folgenschwere Veränderungen: Nach der bereits am 20. Juni 1948 durchgeführten Währungsreform im Westen trat am 23. Mai 1949 das vom Parlamentarischen Rat in Bonn verabschiedete Grundgesetz in Kraft. Am 7. Oktober

1949 wurde die Deutsche Demokratische Republik in Ostberlin proklamiert. Am 21. Dezember 1949 erteilte die Landesregierung Sachsen der Stadt Dresden die Auflage, alle Enttrümmerungsarbeiten nur noch der VVB Bau - Land Sachsen als Generalauftragnehmer zu übertragen. Ob das eine gute Entscheidung war, bleibt dahingestellt, zumindest wurde es für die Stadtverwaltung bei Entscheidungen jetzt komplizierter. Ein Teil dieser Anordnung konnte daher später wieder rückgängig gemacht werden.

Aber es wurden auch Gelder zusammengestrichen, die für das ehrgeizige Ziel, 1950 insgesamt 1 Million Kubikmeter Trümmer vorwiegend aus der Innenstadt zu räumen, unbedingt notwendig waren. Von den beantragten elf Millionen Mark standen letztendlich nur 5,8 Millionen zur Verfügung. Damit schaffte man gerade noch 200.000 m^3 Schutt. Eine weitere Ursache war aber auch, dass den Planungen von 1 Mio m^3 die größere Kapazität einer vollspurigen Trümmerbahn zu Grunde lagen. Bis dahin vorhanden waren lediglich Loren-Bahnen mit 600 mm Spurweite, von denen über 160 Kipploren nur 0,75 m^3 Aufnahmekapazität aufwiesen, allerdings gab es auch 46 Stück Loren mit 2 m^3 Fassungsvermögen. Zum Vergleich: Im Feldbahnbetrieb konnten hier pro Arbeitstag rund 850 m^3 Schutt beseitigt werden, bei einem Vollspurbetrieb jedoch wären 1.600 m^3 je Schicht - und es waren zwei Schichten vorgesehen – transportiert worden. Rein rechnerisch hätte eine Vollspurstrecke also viermal so viel transportieren können. Aber zum Bau der Vollspurstrecke kam es eben nicht! Es ist möglich, dass die zur selben Zeit in Berlin zum Bau der Stalinallee installierte Vollspurbahn eine einfach höhere Priorität hatte.

Dieser Folgeeffekt einer übergeordneten Planung trat in der DDR leider sehr häufig auf. Fehlte eine wichtige Baumaschine oder, wie in diesem Falle eine Vollspurtrümmerbahn, wurde sie von einer anderen, als weniger wichtig eingestuften Baustelle geholt. Ein Loch stopfte man und riss dafür ein anderes auf. Die Dresdner Trümmerbahn wurde von diesem Prinzip in den Folgejahren noch oft betroffen.

Im Jahr 1951 waren noch über zwei Drittel der Trümmerfläche zu räumen. Große Teile der Johannstadt, das westliche Striesen, die Seevorstadt, Südvorstadt und Friedrichstadt sowie große Bereiche der Innenstadt lagen noch in Trümmern. In dieser Zeit waren in Dresden 40 Dampf- und Dieselloks, 700 Muldenkipper, 25 km Gleisstrecke, 130 Lkw mit zusammen 1.221 t Ladekapazität, 50 Pferdefuhrwerke (!), zwei große Bagger und drei Schrägaufzüge zur schnellen Beladung der Fahrzeuge in Betrieb. Das Streckennetz – vorwiegend 600 mm Spurweite – der Dresdner Trümmerbahnen bestand aus den Verbindungen **T 1** Altmarkt–Schlossstraße–Devrientstraße–Kippe Ostragehege mit den Zwischenstrecken: Käufferstraße–Devrientstraße, Lingnerallee–Altmarkt und Grunaerstraße–Schlossstraße, **T 2** Pirnaische Vorstadt (Amalienstraße)–Käthe-Kollwitz-Ufer–Kippe Käthe-Kollwitz-Ufer und **T 3** Südvorstadt (Reichenbacher Straße)–Teplitzerstrasse–Grube Gostritz.

Die Trümmerbahnstrecke Rathaus–Georgsplatz (Portikusstraße)–Bürgerwiese–Kippe Ilgen-Kampfbahn wurde nach fünfjähriger Betriebszeit im Februar 1951 eingestellt und Ende März abgebaut. Die Freiflächen zwischen dem Stadion und der Blüherstrasse bzw. Bürgerwiese waren restlos aufgefüllt. Noch heute erkennt der Spaziergänger den Höhenunterschied von etwa fünf Metern zwischen der Liegewiese des Arnoldbades und dem Sportplatz des 1. FC Dynamo Dresden.

Auf den Dresdner Trümmerbahnen herrschte nun ein Zwei-Schicht-Betrieb (1. Schicht von 6 bis 14 Uhr, 2. Schicht von 14 bis 22 Uhr). Der Zugabstand betrug zwischen 12 und 15 Minuten (T 1 und T 2) und 20 Minuten (T 3). Es wurde nach exakt abgestimmten Fahrplänen gefahren. Minutengenau waren die Fahrtdauer, Rangier- und Kuppelzeiten, Lade- und Entladezeiten festgelegt.

Die T 2 erhielt in dieser Zeit ein zweites Gleis am Käthe-Kollwitz-Ufer. Die T 1 wurde auf Teilstrecken mit einem Doppelgleis versehen – alles Maßnahmen, um die Kapazitäten der Trümmerbahnen zu erhöhen. Auch in der Dresdner Innenstadt konnten durch den Bau weiterer Stich-

Dresden-Johannstadt, um 1946: Der Fotograf ist jetzt in der Bundschuhstraße und beobachtet hier einen großen Dieselgreifbagger, der den Lorenzug mit schon vorsortiertem Gut aus Ziegeln und Feinschutt belädt. Bei der Zuglok handelt es sich um eine 50 PS-Gmeinder, eine der leistungsfähigsten Dieselloks, die die Stadt besaß.
Foto: SLUB/Deutsche Fotothek, Höhne/Pohl

bahnen zur T 1 neue Enttrümmerungsgebiete erschlossen werden. Bei der hohen Beanspruchung des Materials gestaltete sich die für den Trümmerbahnbetrieb notwendige Ersatzteilbeschaffung äußerst schwierig. Besondere Engpässe traten z.B. bei Einspritzdüsen und -pumpen sowie Antriebsrollenketten für Diesellokomotiven und Siederohren bei Dampfloks auf. Diese Ersatzteile waren um 1950 in der DDR praktisch nicht beschaffbar; also mussten sie mit primitiven Mitteln in eigenen Werkstätten selbst gefertigt werden. Doch kostete z.B. eine Antriebskette nunmehr 680 Mark gegen vorher 75 RM (als man sie von Kettenfabriken kaufen konnte). Trotzdem stellten 1951 die Mitarbeiter der Werkstätten der VEB Baubetriebe für die Dresdner Trümmerbahnen 25.000 Laschenschrauben, 6.000 Bauklammern, 1.000 Flachlaschen für Feldbahngleise, 1.500 Rollenwalzen für Kipper-Achslager, 1.000 Kuppelketten sowie 32 Ziegel- und Transportwagen her.

Mit all diesen Maßnahmen wurde es möglich, 1951 rund 2,3 Millionen m^3 Schutt zu räumen, im Vergleich zu 200.000 m^3 ein Jahr zuvor. Diese 2,3 Mio m^3 wurden während des gesamten Enttrümmerungszeitraumes in Dresden nie wieder erreicht. Aber auch 1952 war ein »gutes Jahr«: Mit 2,226 Mio m^3 Schutt war die Räumleistung nur um geringfügig kleiner als im Rekordjahr. Doch schon wieder bereiteten der Stadt Abtransport und Ablagerung große Sorgen. Dieses »Wohin mit den Massen?«, hielt noch einige Jahre an und dazu mussten später noch zwei weitere Trümmerbahnen (T 4 und T 5) den Dienst aufnehmen. Auch waren teilweise zusätzliche Regelspurstrecken in Betrieb. Außerdem wurden einige Strecken der Dresdner Straßenbahn für den Trümmertransport genutzt. Im Februar 1952 war die größte Dichte erreicht und die größte Zahl an Trümmerbahnstrecken in Dresden in Betrieb. Ihre Länge betrug, rechnet man alle Strecken zusammen, über 40 km. Aber jetzt begann auch der langsame Abbau der Bahnen und die Übernahme der Transportaufgaben durch Lastkraftwagen. Doch erst Anfang 1958, als andere Städte die Trümmerbahn schon längst vergessen hatten, wurde auch in Dresden die letzte Strecke demontiert – nach fast zwölf Jahren Einsatz.

Frankfurt (Main) im August 1946: Ein Trümmerzug mit 750 mm Spurweite und mit schweren Kastenloren in der Nähe der Berger Straße. Die Dampflok »Groß Zimmern«, die Henschel gebaut hatte, wie auch der Zug, stammen von der Firma Holzmann, die die Fahrzeuge schon beim Autobahnbau zwischen Frankfurt und Darmstadt 1934 eingesetzt hatte.
Foto: Stadtarchiv Frankfurt (Main)

7.3 Frankfurt (Main)

Was hat die alte Freie Reichsstadt Frankfurt, in deren hochgotischem Dom einst die deutschen Kaiser gewählt wurden mit dem industriereichen Hessen zu tun? Im Gegensatz von dem, nur durch wenige Täler und Straßen erschlossenen hessischen Bergland, ist das rhein-mainische Land eine große Ebene. Zwar ist auch sie im Norden vom Taunus und im Südosten vom Odenwald begrenzt, aber in diesem Viereck, dessen westliche Begrenzung der Rhein ist, erstreckt sich das hessische Städtedreieck Frankfurt-Darmstadt-Wiesbaden. Dieses Gebiet, so landwirtschaftlich fruchtbar es auch ist, gehört zu den industrialisiertesten Gegenden Deutschlands. Bei Frankfurt liegen in Höchst die weitausgedehnten Farbwerke, links des Mains die modernen Autofabriken von Opel, mainaufwärts in Offenbach ist das Zentrum der Lederindustrie und in Darmstadt die großen Anlagen der chemischen Werke Merck. Und weil dieser Teil Hessens wegen seines Industriereichtums auf der Angriffsliste der Alliierten ganz oben stand, fielen auch in Frankfurt sehr viel Bomben. Mit über 12 Millionen Kubikmetern Trümmern nach 1945 gehörte Frankfurt (Main) zwar nicht zu den größten Ruinenfeldern Deutschlands. Aber die Probleme bei der Beseitigung des Schutts waren so groß, dass auch hier der Einsatz einer leistungsfähigen Trümmerbahn gerechtfertigt war.

Es war ein Verdienst von Oberbürgermeister Blaum, nach seinem Amtsantritt am 4. Juli 1945 sich um die Probleme bei Trümmerbeseitigung und um den Wiederaufbau der Stadt zu kümmern. Schon in der Amtsleiterbesprechung einige Tage vorher, die in Anwesenheit des amerikanischen Verbindungsoffiziers, Oberstleutnant Sheehan, abgehalten wurde, fand das Thema »Wiederaufbau« mit längeren Ausführungen von Blaum starke Beachtung. Am 6. Juli 1945 beantwortete der Oberbürgermeister Fragen des Military Government und erläuterte, wie die Trümmermassen zu beseitigen und zu verarbeiten wären. *»Diese dem Wiederaufbau nutzbar zu machen, ist unsere vornehmste Aufgabe«,* erklärte der Oberbürgermeister. Unter der Regie Blaums wurde also die für Frankfurt so wichtige Trümmerverwertung in Gang gebracht und dabei war in seinen Augen der Einsatz einer Trümmerbahn bereits eine feste Größe. Alternativen hätten lediglich durch den Lkw bestanden, aber Blaum rechnete vor, wie viel Last-

Im April 1947 erfolgte in Frankfurt ein Ausbau des 750 mm-Trümmerbahnnetzes. Die sehr solide gebaute Strecke, verglichen mit anderen Städten, begann am Scheffeleck und führte zur Straße am Riederbruch.
Foto: Stadtarchiv Frankfurt (Main)

wagen sonst notwendig wären. Außerdem fehlte dafür der notwendige Treibstoff.

In dieser Sitzung wurde dargelegt, dass Frankfurt an Stelle der knapp 600.000 Einwohnern vor dem Krieg zurzeit nur 282.000 Menschen zähle. Allerdings seien im Juni 1945 pro Woche rund 5.000 Menschen zugezogen. Dies war wohl ein unmissverständlicher Hinweis an die amerikanischen Besatzungstruppen, die Lebensmittellieferungen zu verstärken, zumal diese, wie Blaum wusste, aus den USA kommen würden und nicht aus dem besetzten Deutschland. Und er hatte Recht, denn viel früher als andere Besatzungsmächte zweigten die Amerikaner aus ihren für die eigenen Truppen vorgesehenen Lieferungen Teilmengen für die deutsche Bevölkerung ab, aber nicht ganz uneigennützig. Denn die Amerikaner waren vor allem daran interessiert, dass die von ihnen benötigten Einrichtungen, z.B. der Frankfurter Rhein-Main-Flughafen oder zwei wichtige Main-Brücken, für den Durchgangsverkehr wieder instand gesetzt wurden – und das konnten die Deutschen viel besser als sie.

In einer Sitzung des im September 1945 gegründeten Bürgerrates berichtete der Oberbürgermeister zunächst über die Fortschritte beim Wiederaufbau, die sich im Vergleich zu anderen Städten durchaus sehen lassen konnten. Am wichtigsten war allerdings der nächste Punkt der Tagesordnung – die Gründung der »Trümmerverwertungs-GmbH« (TGV). Aufgabe der TGV war der Transport und die Aufbereitung der in Frankfurt lagernden 12 Millionen m³ Schutt. Zu den Gesellschaften der am 18. Oktober 1945 gegründeten TGV gehörten Philip Holzmann, die Metallgesellschaft Frankfurt, Waiss & Freytag AG sowie die Stadt Frankfurt als Mehrheitsgesellschafter mit 51 %.

Da die größten Trümmermengen in der Innenstadt und im Ostend lagen, wurde sofort beschlossen, hier mit der Direkträumung zu beginnen. Ehe man an den weiteren Wiederaufbau denken konnte, mussten die gewaltigen Schuttmassen beseitigt werden. Die TGV baute daher ab Anfang 1946 am Ratsweg, gegenüber dem Ostpark, das erste große Werk zur Wiederaufbereitung und Herstellung von Ziegelsteinen aus Trümmerschutt. Allerdings vergingen einige Jahre, bis die Anlage voll produzierte.

Die rechtlichen Voraussetzungen dafür schuf die Stadt schon Ende 1945. In der Bekanntmachung des Oberbürgermeisters vom 20. Dezember 1945 heißt es: *»Die Liegenschaftseigentümer werden jetzt und späterhin nicht in der Lage sein, die aus den Kriegshandlungen verbliebenen Gebäudetrümmer selbst zu beseitigen. Die Behe-*

■ **Dieses ebenfalls im Frühjahr 1947 entstandene Foto zeigt einen Trümmerbahnzug der Frankfurter Straßenbahn, der durch Jugendliche in der Berger Straße Höhe Kirchner-Schule beladen wird.** Foto: Stadtarchiv Frankfurt (Main)

bung der hieraus entstehenden Öffentlichen Notstände ist daher Aufgabe der Stadt. Dieser obliegt ferner die weitgehende Nutzbarmachung der Trümmermassen für den Wiederaufbau.

Es werden deshalb aufgrund § 25 in Verbindung mit § 11 des Reichsleistungsgesetzes vom 1.9.39 alle Gebäudetrümmer in Frankfurt zugunsten der Stadtgemeinde beschlagnahmt. Diese Beschlagnahme hat die Wirkung, dass über die Gebäudetrümmer ohne die Genehmigung der Städtischen Dienststellen nicht verfügt werden darf! Zuwiderhandlungen gegen diese Beschlagnahme-Anordnung werden nach § 34 des Reichsleistungsgesetzes bestraft, soweit nicht Strafen wegen Diebstahl, Plünderung usw. zu verhängen sind. Die Gebäudetrümmer werden entsprechend

Die mit Lkw gebrachten Schuttbrocken wurden 1947 am Scheffelpark zwischengelagert, bis sie mit der Trümmerbahn abtransportiert werden konnten.
Foto: Stadtarchiv Frankfurt (Main)

Nochmals die Henschel-Fabia-Maschine, diesmal als »Zwischenlok« in einem Lorenzug in der Frankfurter Gaußstraße im November 1946.
Foto: Stadtarchiv Frankfurt (Main)

dem sich vollziehenden Wiederaufbau in Anspruch genommen. Eine Vergütung wird nicht gewährt, weil die Leistung in Hinblick auf die den Wert der Altbaustoffe übersteigenden Bergungskosten billigerweise unentgeldlich gefordert werden kann.«

Um den Schutt weitgehend einer nutzbringenden Verwendung zuzuführen, verlegte man aus der Innenstadt von der Gegend um das Scheffeleck schließlich eine 750 mm-Trümmerbahn, die in der Regel von Dampfloks gezogen und durch Stichstrecken mit 500 und 600 mm Spurweite mit von Hand geschobenen Kipploren ergänzt wurde. Anhand noch vorhandener Fotos konnten ausschließlich Dampfloks festgestellt werden. Es sollen darüberhinaus auch Dieselloks im Einsatz gewesen sein. Weiterhin soll es auch eine kurze Strecke mit 900 mm Spurweite gegeben haben. Wo, war nicht in Erfahrung zu bringen.

Jedenfalls bestanden die Schuttzüge auf den Hauptabfahrstrecken in Frankfurt in der Regel aus acht bis zehn Kipploren mit jeweils 4 m³ Fassungsvermögen, sodass pro Fahrt 20 bis 30 m³ Trümmer abgefahren wurden. Die höchstzulässige

Ende 1946 wurde in Frankfurt (Main) an der Waldschmidtstraße in der Nähe des Zoos mit der Trümmerräumung begonnen. Der große Greif-Bagger rechts war von der Firma Holzmann, die Lok ist eine 160 PS-Henschelmaschine der Bauart Helfmann, die später viel im Schmalspurnetz der ÖBB verwendet wurde.
Foto: Stadtarchiv Frankfurt (Main)

Dieser Trümmerbahnzug, vermutlich mit einer Henschel-Dampflok, wurde beim Beladen im Ostender Baumweg am 18. Oktober 1946 aufgenommen. Hier sind sehr schön die massiven 4 m³-Loren der Frankfurter Trümmerbahn zu erkennen. Fotos: Bildarchiv Frankfurt

Geschwindigkeit betrug dabei 12 km/h. Gefahren wurden die Züge mit jeweils zwei Mann. An den Kreuzungen mit viel Verkehr sowie an den Berührungspunkten mit der Straßenbahn regelte ein TGV-Mitarbeiter mit roter Fahne die einzelnen Züge. Der Ratsweg wurde wie andere Straßen niveaugleich gekreuzt. Die Straßenbahn nach Bornheim existierte zu jener Zeit noch nicht. Die Frankfurter Trümmerbahn wurde daher am heutigen Festplatzgelände am Ratsweg auf einen Damm hinauf und auf einer Stahlträger-Brücke über die viel befahrene Einmündung der Straße »Am Riederbruch« und die dortige Straßenbahnstrecke hinweg zur Trümmerverwertungsanlage geführt. Die von den Dampfloks gezogenen Züge kippten ihre Ladung in große Silos und auf Halden. Zum Bau einer zweiten Strecke in der Altstadt (900 mm Spurweite?) ist es laut der offiziellen Unterlagen in Frankfurt nie gekommen.

In einer Stellungnahme des Hessischen Städteverbandes vom 20. März 1950 für den Deutschen Städtetag in Köln heißt es: *»Die Beseitigung und Verwertung hat die Stadt Frankfurt der hiesigen TGV Trümmerverwertungsgesellschaft mbH übertragen, deren Aufgabe es ist, das gesamte Räumgut zu neuen Baustoffen zu verarbeiten. Seit Anfang 1950 ist eine Großanlage am Ostpark in Betrieb. Vorher erfolgte die Freiräumung der Straßen zum Zwecke eines einwandfreien Verkehrsflusses und Ablagerung von ca. 2 Millionen m³ Trümmerschutt auf provisorischen Sammelstellen. Das Ziel der TGV-Trümmerverwertungsanlage ist die Produktion von Mauer- und Deckensteinen sowie die restliche Herrichtung noch verwendbarer Stahlträger.«*

Wie man sich denken kann, waren in Frankfurt, wie in anderen Städten auch, viele private Sammler oder Kleinunternehmer an den Stahl- und Schrottüberresten, den Wasser- und Entwässerungsrohren (mit ihren Bleiresten) innerhalb der Häuserruinen interessiert und stellten entsprechende Anträge bei der Stadt, diese zu sammeln. Die Verwaltung konnte sich schließlich der vielen Anträge kaum noch erwehren und lehnte sie daher in den meisten Fällen ab.

Wie in Berlin, Dresden, Stuttgart oder anderen von Bomben zerstörten deutschen Städten zog man auch in Frankfurt die (vollspurige) Straßenbahn mit zur Trümmerräumung heran. Für die Straßenbahn mit ihren großen Kipplorenwagen, die in der Innenstadt auf stromlosen Strecken von Lkw oder Zugmaschinen transportiert wurden, war am Ratsweg nahe der Eisenbahnbrücke für wenige Jahre ein eigener Gleisanschluss zur Trümmerwertungsanlage installiert worden.

Auf dieser großen Trümmerverwertungs- und Aufbereitungsanlage stellte die TGV aus dem angefahrenen Trümmerschutt nach Zerkleinerung und Aufbereitung neues Baumaterial her. Dazu gehörten auch Hohlblocksteine, die in großen Gestellen, so genannten Dören, getrocknet und dann gebrannt wurden. Auf dem gesamten Gelände war ein dichtes Netz von Feldbahngleisen mit 600 – vereinzelt auch 500 – mm Spurweite verlegt. Zahlreiche kleine Dampf- und Dieselloks zogen die Loren und Plattenwägelchen mit den Ziegeln. Von der großen Anlage, auf der zeitweise vier verschiedene Verkehrsmittel Gleise hatten – Eisenbahn 1435 mm, Straßenbahn 1435 mm, Trümmerbahn 750 mm, Werksbahn 600 mm – sind heute nur noch die Reste von Verwaltungsgebäuden übrig geblieben.

Der Betrieb der 750 mm Trümmerbahn in Frankfurt wurde bereits 1950 eingestellt. Bis etwa Anfang der 70er-Jahre lag als letzter Gleisrest die schienengleiche Kreuzung der Trümmerbahn mit der normalspurigen Straßenbahn, die aber zu diesem Zeitpunkt ebenfalls schon stillgelegt war, auf der Kreuzung Sandweg/Baumweg. Der Gleisanschluss der Bundesbahn ist bis an den Rand des Riederwaldes zurückgebaut worden, doch auch dieses letzte kurze Stück wird nicht mehr befahren.

7.4 Hamburg

Bei Hamburg denkt man an Klaus Störtebeker, die Hanse und Admiral Karpfanger. Hamburg ist eine Stadt und ein Staat zugleich. Den riesigen Hafen laufen jährlich über 20.000 Schiffe an. Mit ihren rund zwei Millionen Einwohnern war Hamburg die zweitgrößte Stadt Deutschlands. Bedeutend auch die Industrie: Allein Hunderttausende arbeiteten während des Krieges auf den Werften, bauten Schiffe und – von den Alliierten besonders gefürchtet – neue U-Boote. Und dies war ein entscheidender Grund für die Operation »Gomorrha«. Die sieben schweren Luftangriffe, die zwischen

Einen bedeutenden Beitrag leistete in der Hansestadt neben den reinen Trümmerzügen auch die Straßenbahn auf Normalspur, die sich hier am Baumwall im Sommer 1947 mit recht modernen und großen Kipplorenwagen präsentiert.
Foto: Museum der Arbeit, Germin

■ **Dies sind die berühmten Trümmerschuten, von denen es in Hamburg im Sommer 1947 schon fast 300 Stück gab. Der hier für die Beladung zuständige Dampfkran hat seine besten Jahre schon lange hinter sich.**
Foto: Museum Arbeit, Germin

dem 24. Juli und dem 4. August 1943 geflogen wurden, trafen die Großstadt an ihrem Lebensnerv. Nicht etwa auf die kriegswichtigen U-Boot-Werften fielen die meisten Bomben, sondern in die dicht besiedelten Wohngebiete im Zentrum. Westlich der Alster wurden die Stadtviertel Elmsbüttel, Eppendorf, Altona-Altstadt und St. Pauli schwer getroffen, dazu der gesamte Bereich Innenstadt. Östlich der Alster, etwa 8 km in Nord-Süd- und 4 km in Ost-West-Richtung, betrug der Zerstörungsgrad der Wohnviertel teilweise bis zu 90 % und umfasste die Stadtteile Barmbek, Winterhude, Billwerder, Klostertor und St. Georg bis Wandsbek und Hamm. Die Stadtteile Hammerbrook, Rothenburgsorth und Hamm-Süd galten als *»gänzlich zerstört«*!

Nach einer vorläufigen Zählung der Baupolizei vom 27. August 1943 waren von 552.520 Wohnungen, 275.654 total zerstört. Weitere 45.000 wiesen schwere Schäden auf und immer noch 71.800 galten als »leicht beschädigt«. Das heißt mit anderen Worten: Über 71 %, mehr als zwei Drittel, der Wohnungen waren nicht mehr bewohnbar – zumindest die erste Zeit nach den schweren Angriffe. Hinzu kamen 580 Industriebetriebe, die nicht mehr produzieren konnten. Und die Einwohner? Über 40.000 Hamburger waren sofort tot, mehrere 100.000 flohen aus der Stadt in ländliche Gebiete der Umgebung – Hamburg verlor mit einem Schlag mehr als ein Viertel seiner Einwohner.

Über die Trümmerräumung und Schuttentsorgung während des Zweiten Weltkrieges können auf Grund der schlechten Quellenlage nur wenige Angaben gemacht werden. Überliefert sind lediglich schriftliche Bestimmungen und Anordnungen der Gauleitung: *»Die Bergung von Gegenständen ohne Genehmigung der Aufräumung wird unter Strafe gestellt. Rechtsgrundlage ist das Reichsleistungsgesetz vom 1. September 1939.«* Dies gab den militärischen und staatlichen Dienststellen die Handhabe zur Beschlagnahme bzw. Enteignung von *»Gegenständen für wehrwirtschaftliche Aufgaben«*. Zu verstehen waren darunter vor allem Mauersteine, Träger, Fenster, Türen, Öfen, Herde sowie Heizungs- und Sanitärinstallationen. Den betroffenen Kreisen wurde dafür eine Vergütung in Aussicht gestellt, die aber nie gezahlt wurde.

Und noch eine weitere Begebenheit ist aus den Kriegsakten ersichtlich: Im Jahr 1944 wurden für die Aufräumungsarbeiten in Hamburg u.a. 930 Häftlinge aus dem KZ Neuengamme eingeteilt, die ab Ende Oktober in einem Außenlager in der Hamburger Spaldingstraße untergebracht waren. Ihre Aufgaben waren hauptsächlich im völlig zerstörten Raum Hammerbrook, Luftschutzkeller freizulegen, Leichen zu bergen und Straßen vom Schutt freizuräumen. Zu diesen Arbeiten wurden auch so genannte »Wehrunwürdige«, so die Nomenklatur des Dritten Reiches, dienstverpflichtet. Dazu gehörten nach der Definition der Nazis »Alle Mischlinge ersten Grades«, »Alle Männer, die mit jüdischen Frauen verheiratet sind« und »Alle, die Zuchthausstrafen gehabt haben«. Wann, wo, mit welchen Arbeitsmitteln und wie viel diese Ärmsten der Armen eingesetzt wurden und welche Räumleistungen sie erzielen mussten, geht aus den spärlichen Akten nicht hervor. Im Frühjahr 1945 kam die Schutträumung in Hamburg völlig zum Erliegen.

Nach Kriegsende machte die zivile Baubehörde der Hansestadt erst einmal so weiter, wie die Kriegsbehörde aufgemacht hatte – sie erließ Bestimmungen. Und die erste Anordnung von vielen weiteren unterscheidet sich daher kaum von denen, wie sie auch in anderen Städten zu diesem Zeitpunkt erlassen wurden. In Hamburg hieß es: *»Grundsätzlich müssen Trümmer zerstörter Häuser als Rohstoffvorkommen, deren möglichst nutzbringende Verwertung anzustreben ist, angesehen werden. Hierzu zählen: Ziegelsteine, Bauholz, Altmetalle wie Eisenträger, Schrott, Blei, Zinkbleche, Kupfer etc., aber auch Gas-, Wasser- und E-Einrichtungen, Heizungsanlagen, Kupferboiler, Öfen, Türen, Fensterrahmen und sanitäre Anlagen. Eigenentnahmen werden als Diebstahl geahndet.«*

Eine durchaus »gängige« Drehscheibe für 600 mm Spurweite und eine darauf gedrehte 0,75 m³ - Kipplore zeigen diese beiden Aufnahmen von 1947 aus der Mönckebergstraße.
Foto: Museum der Arbeit, Germin

Auf Grund der Teilung Deutschlands in vier Besatzungszonen und deren unterschiedlicher Politik ließ sich eine zumindest vorläufige zentrale Regierung nicht realisieren. Und so konnte auch ein übergreifendes, von zentraler Seite organisiertes Trümmerräum- und -verwertungskonzept in Deutschland nicht entwickelt werden. Dies wurde Aufgabe der örtlichen Länder-, Städte- und Gemeindeverwaltungen. Es herrschte jedoch ein starker Einfluss der Alliierten auf die Entwicklung der staatlichen und institutionellen Verhältnisse vor.

Die Engländer – Hamburg war britische Besatzungszone – hatten ein großes Interesse an der

Auch eine Trümmerbahnlok braucht mal Wasser und Kohle: Eine Bn2-Tenderlok von Henschel (900 mm Spurweite) ergänzt an der Aufbereitungsanlage Hamm 1950 ihre Vorräte. Foto: Museum der Arbeit, Germin

kontinuierlichen Weiterarbeit der bestehenden deutschen Verwaltung und unterstützten sie daher nach Kräften. Sie schlugen vor, dass die Finanzierung der Trümmerräumung durch weit gehende Einbindung von Baufirmen, die über den notwendigen Gerätepark verfügten, erreicht werden sollte und zwar durch Bergung und späteren Verkauf der aus den Trümmern geborgenen Rohstoffe. Und das waren nicht wenige, wie bereits erläutert. Damit erklärte man sich in Hamburg einverstanden und so arbeiteten bereits im Juni 1945 über 1.000 Menschen bei der Trümmerbeseitigung in der Hansestadt. Diese Zahl stieg auf mehr als 4.000 im September und rund 6.000 Trümmermänner Ende 1945. Interessanterweise sucht man Trümmerfrauen in Hamburg vergeblich. Allerdings konnte dieses Niveau nicht beliebig gesteigert werden. Bis zum Sommer 1948 z. B. pendelte sich die Zahl der Trümmerleute auf etwa 2.500 ein. Noch eine Besonderheit geht aus den Akten hervor: In Hamburg wurde kein Sprengstoff für die Trümmerräumung eingesetzt.

Außerdem hatte sich die Zahl der Einwohner in der Hansestadt 1945 so stark dezimiert, dass es für die Verantwortlichen fast unmöglich war, genügend Arbeitskräfte zu finden. Die Zahlen sprechen eine deutliche Sprache. Hatten die Bezirke des Ortsamtes St. Georg 1939 noch 306.804 Einwohner gezählt, so lebten hier 1946 nur noch 53.914 Bürger. Und genauso sah es auch in den anderen Bezirken aus, z.B. Hammerbrook von 56.146 auf 1.724, Klostertor von 12.371 auf 3.414, Hamm-Süd von 19.268 auf 1.816 Einwohner und Rothenburgsorth von 24.771 auf 1.528 Einwohner. Hammerbrook, so die nüchterne Feststellung des 1. Baudirektors der Hansestadt 1947 *»ist dem Erdboden gleichgemacht«*

Das Aufräumungsamt der Hansestadt veröffentlichte am 3. Dezember 1946 folgende Zahlen:

Geschätzte Trümmermenge insgesamt:	
	43.000.000 m³
Schutträumung:	2.411.000 m³
Ziegelbergung:	215.000.000 Stück
Stahlträgerbergung:	11.130 t
Hergestellter Splitt:	75.200 m³
Zurzeit eingesetzte Arbeitskräfte insgesamt:	
IST:	4.220 Mann
SOLL:	5.700 Mann
Fehlende:	27 %
Zurzeit eingesetztes Großgerät insgesamt:	
	55 Greifbagger
	62 Zugmaschinen
	91 Lastkraftwagen
	150 Anhänger
	18 Straßenbahnzüge zur Schutträumung (Normalspur)
	66 Diesel- und Dampfloks (900 mm Spur)
	1000 Loren (900 und 600 mm Spur)
	36 Pferde- und Ochsengespanne
	6 Einreißmaschinen
	3 Raupen
	45 Schuten täglich

Die Kosten pro Kubikmeter zu räumender Trümmermenge betrugen in Hamburg zu diesem Zeitpunkt 13,65 RM. *»Steinbrecher-Vereinigung*

Groß-Hamburg e.V.« nannte sich die für die Trümmerräumung der Hansestadt bereits am 30. April 1945 gegründete Firma, die im Juni 1945 mit der Räumung der Ferdinand- und Bergstraße sowie Ende Juli der Mönckebergstraße begann. Ab August wurde der Schutt am Alten Wall und anderen Innenstadtstraßen, wie Glockengießerwall und Lange Reihe in Wandsbek sowie in der König- und Burgstraße in Altona, beseitigt. Dabei war gegenüber anderen Städten von Vorteil, dass in Hamburg überall Kanäle, die Fleete, oder auch die Elbe für den Trümmerabtransport per Schute zur Verfügung standen. Waren es am Anfang 45 Trümmerschuten, so steigerte sich diese Zahl bis September 1947 auf insgesamt 280 Einheiten.

Trotzdem dauerte es bis zum Juni 1948, und damit ein Jahr länger als geplant, bis die Trümmerräumung der Innenstadt einigermaßen abgeschlossen werden konnte. Und das unter Einsatz von 83 Feldbahnloks (Dampf und Diesel), 1.214 Kipploren verschiedener Größen und Fassungsvermögen (0,75 bis 2 m^3) sowie fast 300 Schuten. Die Anzahl der Schlepper, die für deren Transport vorgehalten werden mussten, ist nicht dokumentiert, aber es dürften zwischen 20 und 30 gewesen sein – damals natürlich alle mit Dampfmaschinen angetrieben.

Mündlichen Berichten aus der Bevölkerung zufolge sollen in Hamburg während dieser Zeit auch Elefanten aus dem Tierpark Hagenbeck zur Enttrümmerung, wahrscheinlich zum Ziehen von Lorenzügen oder Einreißen von Mauerresten, eingesetzt gewesen sein. Eine Bestätigung in den amtlichen Unterlagen darüber ist allerdings nirgends finden.

Dass der Schutttransport mit viertelstündlichem Trümmerbahn-Zügen in Hamm-Öjendorf eine gute Alternative und recht schnell war, berichtete »Die Welt« im Jahr 1949. Danach galt die Trümmerbeseitigung in den stark zerstörten Stadtteilen östlich der Alster nunmehr als vordringlich, nachdem die Räumung der Innenstadt bis 1948 nahezu beendet war. 20 Millionen Kubikmeter, von insgesamt 43 Millionen Kubikmetern, mussten in den anderen Gebieten abgeräumt

Der weltberühmte Hamburger Michel ragt aus dem umliegenden Ruinengewirr heraus. Mit Lkw, Greifbagger und Trümmerbahn wird 1948 ringsum aufgeräumt. Heute befinden sich hier ein dichtbebautes Wohnviertel und erstklassige Restaurants. Fotos: Museum der Arbeit, Germin

werden. Zur Bewältigung dieser Aufgabe wurde im Laufe des Sommers eine 8 km lange, zweigleisige Trümmerbahn gebaut, die von einer Umschlagstelle im Thörlschen Park, Ecke Hammer Landstraße/Sieveking Damm, täglich ca. 3.000 m^3 Schutt zur Öjendorfer Sandgrube transportierte. Die 900 mm Schuttbahn verfügte über zweiachsige Dampfloks von Henschel, die Hamburg von

Auf diesen beiden Aufnahmen kommen die unterschiedlichen Kipplorenkonzepte der »Steinbrecher-Vereinigung Groß-Hamburg e.V.« besonders gut zur Geltung, hier aufgenommen 1950 in den Aufbereitungsanlagen Eimsbüttel und Hamm. Fotos: Museum der Arbeit, Germin

der Firma Philipp Holzmann gemietet hatte; 31 km Gleise und Schwellenmaterial waren Eigentum der Hansestadt.

Ein Jahr nach der Währungsreform wurden vereinzelt kritische Stimmen laut, man solle mehr auf die Wirtschaftlichkeit bei der Trümmerbeseitigung achten. Die Entsorgung der Trümmer hatten der Stadt bis dahin bereits Millionenbeträge gekostet. Mochte es bis 1948 als genug erscheinen, dass überhaupt etwas geschah, so musste jetzt das Hauptaugenmerk auf eine möglichst preisgünstige Lösung des Abtransportes gerichtet

Die Aufbereitungs- und Umschlagsanlage in Hamburg-Hamm (Ost) 1950: Nach erfolgter Separierung in drei verschiedenen Korngrößen erfolgte (im Vordergrund) der Abtransport des Restschuttes nach Öjendorf.
Foto: Museum der Arbeit, Hamburg

werden – »Schnell und billig räumen«, so hieß das Gebot der Stunde. Der einsetzende Wettbewerb unter den Tiefbaufirmen kam dabei der Stadt zu Hilfe. Denn die Unternehmen – jetzt Eigentümer des von ihnen geräumten Schutts – waren in der Lage, die Preise pro Kubikmeter erheblich zu senken.

Die Erfahrung hatte gezeigt, dass zum Abtransport der Trümmermassen eine Kombination von Lkw und Feldbahn am rentabelsten war. So entstand der Plan der Trümmerbahn Hamm-Öjendorf, die von Hamm, Hirtenstraße, den Horner Weg entlang, nördlich an Billstedt vorbei über freies Gelände nach Öjendorf führte. Hier wurde schon 1928 die bereits erwähnte Sandgrube ausgehoben, die jetzt sieben Millionen Kubikmeter Schutt aufnehmen konnte. Am Thörlschen Park, am Streckenanfang, entstand zu diesem Zweck ein moderner Trümmer-Umschlagplatz. Die Lkw mit dem Schutt der einzelnen Trümmerstellen fuhren auf eine Rampe und schütteten ihre Last in die bereitstehenden Loren von 2 bzw. 4 m^3 Aufnahmekapazität. Eingebaute Siebe boten die Möglichkeit, noch verwertbare Ziegelsteine auszusondern. Täglich wurden bis zu 60 Züge mit jeweils bis zu 80 Kubikmetern Schutt im Viertelstundenabstand nach Öjendorf gefahren. Bau und Bahnbetrieb wurden durch das Tiefbauunternehmen durchgeführt, die Strecke gehörte aber der Stadt.

In diesem Zusammenhang ist eine Äußerung der Hanseatischen Verwaltung bemerkenswert, die Ende 1949 im »Hamburger Echo« veröffentlicht wurde und den Abstand zur »anderen Seite« Deutschlands deutlich belegt: *»Den Verantwortlichen der Hansestadt Hamburg war von Anfang an klar, daß eine wirtschaftliche Beseitigung der ungeheuren Schuttmassen innerhalb unseres Jahrhunderts nicht mit sowjetzonaler Trümmerfrauen-Räummethode möglich ist!«* In Hamburg entschloss man sich daher seit spätestens 1946 zum Einsatz von schwerem Räumgerät und modernen Transportmitteln – damals war eine Dampf-Trümmerbahn modern!

Die Deponierung des Schutts erfolgte zunächst in der Alster, um den heutigen Ballindamm zu verbreitern. Dann wurde ein Teil der für die Schifffahrt nicht mehr benötigten Fleete zugeschüttet, die schon während des Krieges mit Trümmern, versenkten Schuten, alten Straßenfahrzeugen, heruntergebrochenen Krangerüsten und anderem Schrott verfüllt worden waren. Ab September 1945 wurde an der Wallanlage auf der Sohle des alten Stadtgrabens entsorgt – heute ist das ein Teil von »Planten und Blomen«. Außerdem wurden verschiedenen Kies- und Müllgruben mit Schutt verfüllt, bis man ab Ende 1946 zusätzliche Großflächen außerhalb der Stadt für diesen Zweck nutzte. Weitere zwei bis drei Millionen Kubikmeter Trümmer nahm der Hamburger Hafen auf. Außerdem transportierte die Schlepperflotte mit ihren Trümmerschuten nochmals vier bis fünf Millionen Kubikmeter Schutt auf vorläufige Sammelstellen an der Unterelbe, wo sie bis Anfang der 60er-Jahre für den Deichbau und Stromregelungsarbeiten Verwendung fanden.

In den Stadtteilen Hammerbrook und Klostertor sah das *»Gesetz über die Aufhöhung der Bezirke«* vom 20. Juli 1950 vor, das Gelände um etwa 2,5 m durch Trümmerschutt anzuheben, die Kanäle zuzuschütten, Schleusen zu beseitigen und die Straßen bis auf wenige Durchgangsstraßen aufzugeben. Dafür wurden 13 Jahre veranschlagt. In etwas vereinfachter Form war diese »Aufhöhung« schon Ende der 50er-Jahre beendet. Das Gelände wurde zwar an einigen Stellen angehoben, am meisten aber »schluckten« die Kanäle, sodass die »Geländeanhöhung« in dem geplanten Umfang gering ausfiel. Bis auf den Mittelkanal und Teile des Südkanals waren allerdings alle Wasserarme in diesen Stadtteilen zugeschüttet worden.

Zu Ende des Haushaltsjahres 1956/1957 kamen die Aufräumungsarbeiten in der Hansestadt im Großen und Ganzen zum endgültigen Abschluss. In der Folgezeit erfolgte nur noch der Abbruch einzelner Gebäude oder kleinerer Gebäudeblöcke, die Neubauten im Wege standen. Eine Flächenräumung im großen Stil gab es nicht mehr.

7.5 Hannover

Da die zweite britische Armee nördlich der Linie Osnabrück-Minden-Wunstorf-Celle vorrückte, blieb die Einnahme Hannovers der 84. US-Infanterie-Division vorbehalten. Die »84.« hatte

Trümmerräumung fand in Hannover, wie in anderen Städten vereinzelt auch, schon während des Krieges statt. Hier laden Kriegsgefangene am 30. Mai 1944 Schutt und Steine in der Celler Straße auf bereitgestellte Straßenbahn-Güterloren auf, die aber, wegen der fehlenden Oberleitung, von einem Hanomag-Schlepper gezogen werden müssen.

Foto: Historisches Museum, Hannover

Die frühere Henriettenstraße, heute Sonnenweg, war im Mai 1944 zwecks der Trümmerräumung durch Kriegsgefangene regelrecht zum Sperrgebiet erklärt worden. Hinein kam man nur mit einer Genehmigung des 5. Polizeireviers.
Foto: Historisches Museum, Hannover

Eine der vier Trümmerverwertungsanlagen in der niedersächsischen Landeshauptstadt: Hier waren ausschließlich 600 mm-Gleise verlegt; im Hintergrund rangiert eine Jung-Diesellok. Die Aufnahme stammt vom 20. April 1949.
Foto: Historisches Museum, Hannover

am 6. April 1945 den Weserübergang an der Porta Westfalica erzwungen und wollte nun als Nächstes Hannover von Südwesten her besetzen. Diesen Aufmarschplan änderte man, weil eine erbeutete deutsche Verteidigungskarte starke Stellungen bei Ronnenberg zeigte, die sich nachher allerdings nur als eine schwache Verteidigungslinie entpuppte. Die Amerikaner änderten ihre Pläne und drangen daher im Morgengrauen des 10. April 1945 über Ahlem, Stöcken und Vinnhorst, also etwa von Westen, in Hannover ein. Da weitere Gegenwehr ausblieb, war die Einnahme Hannovers für die Amerikaner nicht schwer. Man wich beim Einmarsch den Trümmern aus, hielt am Kröpcke an und war eben da, kein Häuserkampf, keine erbitterte Gegenwehr. Am Mittag des 10. April 1945 war die niedersächsische Landeshauptstadt in den Händen der Alliierten.

Doch gleich wurden, besonders in der Südstadt und im Zoo-Viertel, viele Häuser für die Nachrichten- und Versorgungseinrichtungen der US-Armee beschlagnahmt, darunter auch die Gauleiter-Villa an der Stadthalle, in der sich der militärische Geheimdienst CIC einrichtete. Trotz allem herrschte bei den Amerikanern nervöse Anspannung, da man nach entsprechenden Erfahrungen in anderen Städten mit vereinzelten Heckenschützen und Werwolf-Aktionen rechnete. Der amerikanische Vormarsch ging am nächsten Morgen, am 11. April, in Richtung Burgdorf weiter. Zurück blieben verschiedene Nachschubeinheiten und eine unter amerikanischem Befehl stehende Abteilung der britischen Militärregierung mit Deutsch sprechenden Mitarbeitern. Und diese waren erstaunt über die Vielzahl der verschiedenen Menschen und Dialekte im eigentlich doch (hoch)deutschen Hannover.

Auf dem provisorischen »Güterbahnhof« der Straßenbahn in der Braunstraße hat der Fotograf am 31. Juli 1949 einen bereits entladenen Trümmerlorenwagen im Bild festgehalten. Foto: Historisches Museum, Hannover

Was sie vorfanden, war, wie sie selbst sagten, *»eine riesige, offene Wunde, und hierin wimmelte eine gewaltige Masse von Volksteilen aller Länder, aller Sprachen und Temperamente«*. Die Einwohnerzahl Hannovers, die vor Ausbruch des Krieges 472.000 betragen hatte, war zwar auf 217.000 geschrumpft, hinzu kamen aber 42.000 ausländische Zwangsarbeiter und Kriegsgefangene aus aller Herren Länder. Das ergab das Sprachengewirr. Bis Mitte Mai, bis zum Kriegsende, blieb im Großen und Ganzen dieser Zustand erhalten.

Erst jetzt sollte Ordnung geschaffen, die Trümmer aufgeräumt und das Wasser-, Strom- und Gasnetz wieder funktionsfähig gemacht werden. Das konnten die Engländer, auch wenn sie Deutsch sprachen, nicht allein. Wie sollten sie wissen, wo unter meterdicken Trümmerschichten Wasserrohre, Strom- und Telefonleitungen sowie Entwässerungskanäle lagen? Wie sollten sie ohne Hilfe defekte Straßenbahnlinien, Bahnhöfe und Eisenbahnen wieder in Betrieb setzen, die andererseits für das normale Leben einer Großstadt unbedingt notwendig waren? Das ging nur mit Leuten, die sich darin auskannten – das waren die besiegten Deutschen selbst. Und so entwickelte sich, fast wie von allein, eine Art partnerschaftliche Zusammenarbeit – nicht sehr herzlich zwar und auch nicht sofort, aber doch demselben Zweck dienend.

Wie schon an anderer Stelle erwähnt, hatten mehr als 2.000 Bombentreffer das Wasserrohr-Netz Hannovers durchlöchert. Am 1. Mai 1945 hatte daher nur noch ein Zehntel aller intakten Wohnungen, aber das war sowieso nur die Hälfte der 1939 gezählten 147.222 Wohnungen, Wasseranschluss. Über 200.000 Menschen mussten sich ihr Wasser an der nächsten Straßenpumpe holen, wenn diese in Ordnung war. Wenn nicht, waren Spaziergänge von 2 bis 3 km notwendig, nur um ein paar Liter frisches Wasser zu bekommen. Dennoch konnte bereits Mitte Juli das gesamte Stadtgebiet wieder mit Wasser versorgt werden. Bis Ende 1945 funktionierte auch die Stadtentwässerung wieder einigermaßen, nachdem im Frühjahr noch ganze Stadtteile wie Waldheim, Waldhausen, Kirchrode, Kleefeld, List und Buchholz von der Kläranlage völlig abgeschnitten waren.

Selbstverständlich besagte der Zustand der Versorgungsleitungen nicht viel über die tatsächliche Versorgung mit Wasser, Strom und Gas. Vor allem bei Strom und Gas haben Sperrstunden noch lange zum Alltag in Hannover gehört. Während z.B. 1943, mitten im Bombenkrieg, noch 103 Mio m^3 Stadtgas geliefert wurden, waren es 1945 nur noch 28 Mio m^3. Bis Ende 1945 wurde durchschnittlich nur an zwei Stunden täglich, meist um die Mittagszeit, Gas zum Kochen geliefert. Anfang Dezember wurde Stadt daher in zwei Bezirke, östlich und westlich der Leine, eingeteilt, die lediglich umschichtig mittags mit Gas versorgt wurden. Der jeweils abgeschaltete Bezirk erhielt dafür am Abend von 18 bis 19 Uhr Gas, während an Sonntagen beide beliefert wurden.

Ähnliche Probleme gab es bei der Stromversorgung, die zeitweilig über die Sperrstunden hinaus noch kontingentiert war. Im Herbst 1945 standen jedem Haushalt 500 so genannte Grund-

Wattstunden täglich zur Verfügung. Dazu kamen noch 50 W für jedes Familienmitglied. Bei einer fünfköpfigen Familie reichte dies gerade, um eine Stunde einen elektrischen Kocher zu betreiben.

Das Tiefbauamt räumte vordringlich die wichtigsten Straßen und setzte sie für den Verkehr instand. Ebenso brachte die Straßenbahn das stark zerstörtes Liniennetz in Ordnung, was allerdings bis November 1945 dauerte. Inzwischen versuchte das Stadthochbauamt, die Krankenhäuser und Schulen instand zu setzen.

Allerdings war die Stadt aber zu diesem Zeitpunkt noch weit davon entfernt, eigenständige Entscheidungen treffen zu können. Sie war abhängig von den verschiedenen Anordnungen, die entweder von der britischen Militärregierung oder auf deren Geheiß von anderen Stellen erlassen wurden. Die Bauwirtschaft z.B. war an die allgemeine Wirtschaftspolitik der »Control Commission for Germany« gebunden. Die Erzeugung von Baustoffen richtete sich nach der Höhe der Kohlezuteilung. Zement, Kalk, Ziegelsteine, Glas, sämtliche Eisenteile und Metallwaren konnten ohne Kohle nicht hergestellt werden. Ebenso wurde nach den Anordnungen der Militärregierung das Holz bewirtschaftet. Deutsche Stellen bekamen für den Wiederaufbau nur wenig. Und schließlich war es, bedingt durch fehlende Transportkapazität, äußerst schwierig, die zugeteilten Baustoffe nach Hannover zu holen. Aber noch aus einem anderen Grunde wurde die kontinuierliche Fortführung der Instandsetzungsarbeiten an Häusern und Gebäuden zu einem echten Problem - dem immer spürbarer werdenden Fehlen von Facharbeitern und Bauleuten.

Früher waren viele Bauhandwerker aus dem Eichsfeld in Hannover tätig, die dann am Ende der Arbeitswoche nach Hause fuhren und am Montagmorgen wieder anreisten. Diese fehlten jetzt, denn erstens sah es mit den Fahrmöglichkeiten schlecht aus und zweitens bekamen sie in Hannover keine Unterkunft. Und schließlich klappte es nicht mit der Verpflegung. Die für Hannover so wichtigen Fachleute führten daher lieber berufsfremde Tätigkeiten auf dem Lande aus, weil Ernährung und Unterkunft dort besser waren. Andererseits bemühte sich zwar die Bauverwaltung in Hannover, den Schwierigkeiten Herr zu werden, aber auch ihr waren Grenzen gesetzt.

Trotzdem kam aber die Aufräumung in Gang. Bei der so genannten »Schnellräumung« der Straßen 1945 war man noch auf Handarbeit – mit Schubkarre, handgeschobener Lorenbahn mit 500 und 600 mm Spurweite und Pferdefuhrwerk – angewiesen. Die Förderleistungen waren entsprechend gering. Ende des Jahres konnte jedoch schon Großgerät eingesetzt werden: Fünf Bagger, Lastwagen sowie Zugmaschinen mit Hänger und die verlängerte Feldbahn mit Dieselloks taten Dienst fast rund um die Uhr. Die Zahl der Geräte steigerte sich von Monat zu Monat. Im Frühjahr waren es schon zwölf große Bagger, fast 30 Lastzüge und die nochmals verstärkte Trümmerbahn. Zum Teil wurden in Hannover auch Straßenbahnen mit Lorenanhängern eingesetzt, oder die Lorenanhänger wurden von Treckern gezogen. Diese Anstrengungen der Trümmerräumung, neben ersten Neubauten und Instandsetzungsarbeiten an vorhandenen Wohngebäuden, steigerten sich bis zur Währungsreform im Juni 1948 trotz des Leinehochwasser im Februar 1946, dem langen und harten Winter 1946/1947 und dem heißen Sommer 1947. Die Räumung unterlag zwar, auf Grund unterschiedlicher Treibstoffzuteilungen, gewissen Schwankungen, aber bis zum 1. Mai 1948 waren über eine Million Kubikmeter Trümmer allein von den Straßen geräumt.

Doch das genügte nicht: Die Straßen mussten auch wieder befestigt und ans Kanalsystem angeschlossen werden, wollte man sich nicht in wenigen Monaten die ganze Arbeit noch einmal machen. Doch leider gab es schon beim Asphaltieren immense Schwierigkeiten, auf Grund der schlechte Versorgung mit Baustoffen. Ab April 1946 wurden nach der Technischen Anordnung Nr. 11 der Militärregierung die Straßenbaustoffe durch die Straßenbaudirektion bewirtschaftet. Nur für genehmigte Bauvorhaben und für klassifizierte Straßen (Reichsstraßen, Landstraßen 1. und 2. Ordnung usw.) wurden Baustoffe zugeteilt. Doch diese reichten selbst dafür nicht aus. Die für die Wiederherstellung der städtischen Hauptverkehrs- und Wirtschaftsstraßen notwendigen Stoffe wurden daher durch eigene Entscheidung, außerhalb der offiziellen Zuteilung, beschafft. Besonders wertvoll für die Stadt waren daher die Baustoff-Sonderzuweisungen, die sie im Rahmen des Messeprogramms erhielt. Innerhalb der nächsten drei Jahre, also bis Juni 1948, konnte Hannover somit 78.000 m² Groß- und Kleinpflasterdecken, 49.000 m² Asphaltdecken, 110.000 m² Teerdecken, 31.000 m² Chaussierungen, 30.000 m² Radwegbefestigungen und 11.000 m² Fußwege instand setzen.

Für die Flächenräumung wurde das Stadtgebiet in 22 Bezirke unterteilt, der jeder etwa 250.000 m³ Trümmer enthielt. In vier dieser Bezirke, in der Stadtmitte, im Vahrenwald und zwei in der Südstadt, begann die systematische Räumung mit dem Ziel der Baustoffrückgewinnung. Eine zwischenzeitliche Untersuchung hatte gezeigt, dass außer Ziegelsteinen auch Splitt als Grundstoff gebraucht wurde, da daraus u.a. Deckensteine hergestellt werden konnten. Auch für den Hauptteil des Restschutts hatte man eine Verwendung gefunden: Als Mauersand oder Dünger konnte er seine Aufgabe noch erfüllen. Der absolut unbrauchbare Rest wurde mit der Trümmerbahn auf Abkippstellen gefahren. Eine solche Kippe befand sich in der Eilenriede hinter dem Zoo und sollte später als bergiges Wildgehege dem Tierpark eingegliedert werden. Eine andere Kippe war zwischen Maschsee und Engesohder Friedhof inzwischen zu beträchtlicher Höhe angewachsen – hier sollte eine Rodelbahn entstehen. Schließlich schluckte ein alter Leinearm an der Schwanenburg beträchtliche Mengen des Schutts und später auch das Niedersachsenstadion.

1945 und 1946 machte die Trümmer-Großräumung in Hannover gute Fortschritte, ganz anders 1947. Schon der lange und strenge Winter hatte zu einer Pause von vier Monaten gezwungen und im Frühjahr 1947 kam die Räumung nur sehr langsam wieder in Gang. Wahrscheinlich waren dieselben Gründe wie schon in den anderen, bereits dargestellten, Städten maßgebend dafür. Jedenfalls beschloss die Stadt, erneut einen Aufruf an die Hannoveraner zu richten (siehe S. 14). Leider hatte dieser Aufruf nicht den Erfolg wie 1946. Inzwischen hatte die britische Militär-Regierung nämlich erklärt, niemand dürfe zur Trümmerräumung verpflichtet oder gezwungen werden. Aber gerade diese Möglichkeit hatte zweifellos dazu beigetragen, dass 1946 die Bedarfslisten so rasch erfüllt worden waren. Im Jahre 1947 arbeiteten noch durchschnittlich 137 freiwillige Arbeitskräfte pro Woche in der Trümmerräumung, darunter aber kaum Frauen, wie man überhaupt in Hannover Trümmerfrauen fast nicht kannte. Ende 1947 waren es dann nur noch 34 Männer. Die Trümmerräumung litt bis zur Währungsreform immer stärker unter dem Mangel an Arbeitskräften. An Stammarbeitern konnten die Unternehmen in den vier Räumbezirken nur etwa 100 Mitarbeiter einsetzen – mindestens 500 wären notwendig gewesen. Schließlich konnte die Trümmerräumung nur dadurch notdürftig aufrechterhalten werden, indem die Stadt zusätzlich zum Lohn materielle Anreize bot: Für 60 Arbeitsstunden konnte man, gegen Erstattung der Selbstkosten, 1.000 alte Steine für sein genehmigtes Bauvorhaben bekommen. Und siehe da, jetzt ging es: Nun meldeten sich aus Hannover und Umgebung wieder neuer Arbeitskräfte.

Zwar war von Seiten der Verwaltung die Abgabe der Steine mit Auflagen verbunden – die Steine, die an Landgemeinden gegeben wurden, sollten in erster Linie verwendet werden, um für ausgebombte Hannoveraner oder Flüchtlinge dort Wohnraum zu schaffen – aber das Ziel war erreicht: Es ging weiter bei der Trümmerräumung. In den Räumgebieten kamen acht Bagger, sieben Steinbrecher, acht Steinputzmaschinen, zwölf Transportbänder, jeweils vier Vorsieb- und Hauptsieb-Anlagen, eine Silo-Anlage sowie eine Steinmühle zum Einsatz. Außerdem gab es e eine 13,2 km lange 900 mm-Trümmerbahn mit 56 Weichen. Auf diesem recht umfangreichen Netz verkehrten in der Regel über zehn Züge gleichzei-

Am Engelbosteler Damm fährt um 1947 ein »Schuttexpress« mit O & K-Lok auf 600 mm Spurweite neben der schon instand gesetzten Normalspur-Straßenbahn. Foto: Historisches Museum, Hannover

tig – insgesamt standen dafür, mit Reserveloks, 16 Lokomotiven zur Verfügung, die insgesamt 245 Kipploren bewegten. Etwa die Hälfte davon wurde gerade beladen bzw. fuhr als Leerzug zur Aufnahme neuen Schutts; die andere Hälfte des Wagenmaterials fuhr voll geladen zu den Kippen. Und so ging es weiter – sechs Tage in der Woche. Insgesamt 7 bis 7,5 Millionen Kubikmeter Schutt lagen in Hannover. Und die einstmalige Rechnung, jedes Jahr eine Million davon zu entsorgen, ging bei weitem nicht auf. Mitte 1948, also kurz nach der Währungsreform, konnte man erst folgende Räumleistungen bilanzieren:

Geräumter Schutt	181.000 m^3
Steine	5.122.000 geborgene Stück
Steine in Selbsth.	21.695.000 geborgene Stück
Splitt (geborgen)	25.929 m^3
Holz (geborgen)	872 Festmeter
Eisenträger (geborgen)	725 t
sonstiger Schrott (geborgen)	1.324 t

Hierbei handelte es sich aber ausschließlich um die Trümmerräumung zerstörter Grundstücke. Die Gesamtmenge an Räumleistungen, also Straßen, Plätze plus Hausgrundstücke, belief sich zu diesem Zeitpunkt auf 1,25 Mio m^3, d. h. ein knappes Fünftel von den 7,5 Mio m^3. Wie sich diese geringe Leistung in Hannover erklären lässt, darüber gehen bis heute die Meinungen auseinander. Denn leider wurden nach 1945 auch viele Trümmerbaustoffe in Hannover entwendet. Die Bauverwaltung richtete deshalb eine umfassende Kontrolle ein. Auch die Polizei prüfte an allen Ausfallstraßen Lastwagen, die Altbaustoffe nach auswärts transportierten. Jeder Transporteur musste vom Trümmerräumungsamt einen »Bergeschein« und eine Transporterlaubnis vorweisen.

■ **Die badische Residenzstadt Karlsruhe aus der Vogelperspektive: 1939 die noch intakten Bauten mit dem Schlossplatz, auf dem sich ab Januar 1946 die Gleise der Trümmerbahn regelrecht »drängelten«, wie das zweite Bild deutlich zeigt.** Fotos: Generallandesarchiv bzw. Stadtarchiv Karlsruhe

7.6 Karlsruhe

Nach dem Zusammenbruch des Deutschen Reiches im Frühjahr 1945 begann für die deutschen Überlebenden die Stunde Null. So auch in der ehemals badischen Residenzstadt Karlsruhe. Häufige Hamsterfahrten zur Essensbeschaffung in die ländliche Umgebung und meist weibliche Trümmerräumkommandos bestimmten den Alltag. In Karlsruhe gab es tausende zerstörte oder schwerbeschädigte öffentliche Gebäude, Wohn- und Geschäftshäuser. Zu Schutt und Asche gebombt waren ganze Straßenzüge, vor allem in der Karlsruher Innenstadt, die einstmals von Weinbrenner im klassizistischen Stil errichtet wurde. Es fehlten zehntausende Wohnungen.

In den ersten Monaten nach Kriegsende war auch in Karlsruhe einigen Wenigen bewusst, dass für den späteren Wiederaufbau der Stadt die gewaltigen Schuttmengen möglichst schnell abgeräumt und fortgefahren werden mussten. Die Trümmermenge wurden zunächst auf zwei Millionen Kubikmeter geschätzt, was einer Aufschüttung von 2 km Länge, 200 m Breite und 5 m Höhe entsprochen hätte. Später stellte sich heraus, dass die Schuttmenge über dreimal so groß war, nämlich fast 7 Millionen Kubikmeter.

Auf Initiative des am 4. August 1945 von den amerikanischen Militärbehörden – kurze Zeit später hatten in Karlsruhe die Franzosen das Sagen – ernannten Oberbürgermeisters Hermann Veit wurde schon im September die »Aufräumungs-Arbeitsgemeinschaft Karlsruhe« (AAK) gegründet.

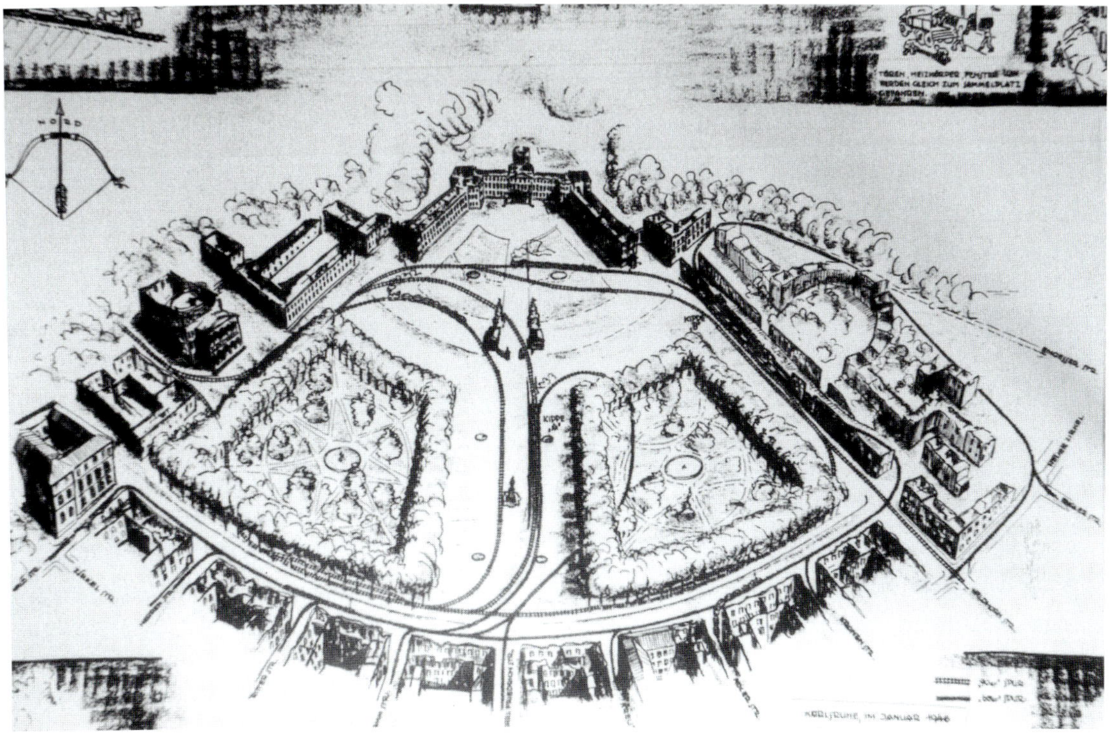

Sie bestand aus fünf Baufirmen und der Stadt Karlsruhe als Hauptgesellschafter. Geschäftsführer waren Ober-Ing. Günther Klotz und Reg.-Baumeister Fritz Schäfer. Die AAK schloss am 31. Oktober mit der Stadt einen Vertrag, in dem die Einzelheiten der Trümmerräumung festgelegt wurden. Danach sollten 600 mm-Feldbahnen errichtet werden, die den Schutt aus der Innenstadt vor allem zum Schlossplatz und zum Tivoli zwischen Stuttgarter Straße und Bahndamm im Süden der Stadt transportierten. Eine 900 mm-Trümmerbahn sollte vom Schlossplatz, dem zentralen Sammel- und Hauptumschlagplatz, zu einer Niederung südlich des Rheinhafens führen. Hier sollte ein neues Industriegelände aufgeschüttet werden. Der Vertrag regelte außerdem den Transport von den Grundstücken auf die Gehwege, den Einsatz von Greif-Baggern zur Verladung in die Lorenzüge sowie das Ruinen-Einreißen und die Verwertung von noch brauchbarem Material. Mit dem Bau der Trümmerbahn sollte sofort begonnen werden.

Der aufwändigste Teil dieser Trümmerbahn war der Bereich der 900 mm-Hauptabfuhrstrecke Schlossplatz–Rheinhafen. Hierfür wurde laut Vertrag geregelt, dass schienengleiche Übergänge mit der Eisenbahn verboten sowie Kreuzungen mit der Straßenbahn auf ein Mindestmaß zu beschränken und durch Streckenposten zu sichern waren. Auf Grund des Terminplans der AAK sollten die 9 km lange Hauptstrecke, die Kunstbauten, wie Gleisübergänge, Brücken, Rampen etc., sowie die zahlreichen Zufahrtstrecken, insgesamt 20 km Gleise, von Dezember 1945 bis Februar 1946 verlegt werden. Im Einzelnen waren das an die ca. 40.000 m Schienen, 20.000 Holzschwellen, rund 50 Weichen, zehn zweiachsige Dampfloks mit 900 mm Spurweite, 150 Kipploren mit Holzaufbau (Fassungsvermögen 4 m^3) sowie diverses Klein-

Vom Residenzschloss selbst, hier ein Blick in die Waldhornstraße mit der seitlich angeordneten Schuttbahntrasse, war nach dem Kriege nicht mehr viel übrig geblieben.
Foto: Stadtarchiv Karlsruhe

und Hilfsmaterial sowie Ersatzteile, Reparaturstände und Kohlebunker. Die Beschaffung des Eisenbahnmaterials gestaltete sich aber schwieriger als erwartet, sodass erst am 11. Juli 1946 der erste Trümmerbahnzug zum Rheinhafen fuhr. Jeder Zug fasste etwa 90 m^3 Schutt. Zehn- bis zwölfmal am Tag, das entsprach zusammen etwa 1.000 m^3 pro Schicht, gingen die vollbeladenen Trümmerzüge auf die Strecke.

Ein Zeitzeuge, Klaus Mäurer aus Karlsruhe, hat eine Fahrt mit dem Karlsruher »Schuttbähnle« festgehalten: *»Die Strecke der Bahn begann am Schlossplatz, wo sie einen großen Außen- und einen kleineren Innenring mit einigen Abstell- und Umladegleisen bildete. Der äußere Ring begann südlich des ehemaligen Hoftheaters, führte Richtung Waldstraße zum inneren Zirkel bis zur Waldhornstraße, wo auf Ruinen der früheren Hofgebäude eine Umladerampe von den 600 mm-Feldbahnen aus dem Schlossbezirk vorhanden war. In ihrer ganzen Länge lagen die Schienen im Straßenplanum, meist in Mittenlage, vereinzelt auch an der Seite. Hier waren die Gleise einseitig unterstützt mit Holzstücken oder Schuttsteinen. An Kreuzungen von Querstraßen waren aus Schutt einfache Rampen zur Schienenhöhe aufgeschüttet.*

Am Ende der Bismarckstraße ergab sich die erste Kreuzung mit der hier zweigleisigen Straßenbahnstrecke (1435 mm) in der Reinhold-Frank-Straße. Dazu wurde das Schuttbahngleis in den Straßenbelag versenkt, bis es der Schienenoberseite der Tram angeglichen war. Die Schienenstücke zwischen den Straßenbahnschienen wurden mit diesen über Winkelstücke massiv verschraubt und in die Köpfe der Tramschienen wurden Lücken für die Spurkränze der Schuttbahn eingebrannt. Schon wegen dieser Lücken war die Straßenbahn gezwungen, diese und die weiteren Kreuzungen äußerst langsam zu befahren.

Das Trümmerbahngleis führte weiter durch die Hoffstraße bis zur Nördlichen Hildapromenade und von dort auf eine Freifläche südlich der Straße. Hier waren vier bis fünf Abstell- und Reparaturgleise für Wartung und Unterhalt der Fahrzeuge verlegt. Das Betriebsgleis führte dann im großen Bogen in die Händelstraße, während ein Stumpfgleis mehrere 100 m bis zum Reichsbahngleis am Alten Mühlburger Bahnhof verlegt wurde. Über diesen Bahnanschluss erfolgte der Antransport des gesamten Bahnmaterials sowie die zeitweilige Verladung von Trümmerschutt auf Reichsbahn-Güterwagen.

Hinter der Händelstraße erfolgte an der Kaiserallee die zweite Kreuzung mit der Straßenbahn. Weiter ging es auf der Herderstraße und an deren Ende in einer großen Rechtskurve durch die damaligen Kleingärten am Mühlburger Feld. Hier gab es eine Zeitlang Ärger mit den ansässigen Kleingärtnern, da die Trümmerbahn Gärten und Zäune zerstörte und damit »ungebetene Erntehelfer« anzog. Nach Protesten der Anlieger wurden Strecke und Gärten später wieder eingezäunt.

Im weiteren Verlauf des Mühlburger Feldes näherte sich die Trümmerbahn nunmehr dem interessantesten Punkt der Strecke: der Bahnunterquerung »zusammen« mit dem Fluss Alb! Da auf dem Weg zum Rheinhafen die Eisenbahngleise gekreuzt werden mussten, die damalige Reichsbahn aus sicherheitstechnischen Gründen aber nie und nimmer einer niveaugleichen Kreuzung der Gleise zugestimmt hätte, musste eine andere Lösung gesucht werden. Und diese fand man in Form einer schon bestehenden schmalen Brücke für die kleine Alb unter der Bahntrasse. Die niedrige Bogenbrücke hatte allerdings den Nachteil, dass sie die Trümmerbahn neben der Alb nicht zugelassen hätte, da unter ihren seitlichen Bögen einfach nicht genug Lichthöhe für die Durchfahrt der Lokomotiven vorhanden war. Es ging nur, wenn man die Bahn genau in der Mitte unter der größten Höhe des Bogens hindurchführen könnte. Dazu wurde es notwendig, mitten im Bachbett der Alb unter der Brücke einen gemauerten Damm zu errichten, der die Durchfahrt der Dampfloks mit ihrem hohen Schornstein gerade noch zuließ.

Dieser Damm bereitete wasserbaulich einige Probleme: Er musste an Anfang und Ende, also bei Einfahrt in und Ausfahrt aus dem Bachbett zum Teil Durchlässe für das Albwasser besitzen. Nicht nur dieser Damm, auch die erheblich geneigten Rampen beiderseits bereiteten später im Betrieb erhebliche Sorgen.

Hinter der hier geschilderten Reichsbahnunterquerung erreichte die Trümmerbahnstrecke nach steilem Anstieg die Seitenfahrbahn der Vogesenstraße und damit, neben den Straßenbahngleisen nach Daxlanden, wieder Straßenniveau. Nach der Kreuzung mit der Zeppelinstraße führte sie die Eckenerstraße entlang, die damals noch recht schmal war und breite Nebenflächen aufwies. So bot sich dort die Anlage eines Ausweichgleises an.

Im weiteren Verlauf führte die Schuttbahn nach einer großen Rechtskurve zur heutigen Rheinhafenstraße und damit am südlichen Ortsrand von Daxlanden entlang. Bevor sie den Rheinhafen erreichte, kreuzte sie zum dritten Male die Straßenbahn. Hinter der Kreuzung der Vor-

Karlsruhes Einkaufsmeile, die Kaiserstraße, blieb zwischen Wald- und Karlstraße vom 11. November 1946 bis 20. Juli 1947 gesperrt, um der Trümmerbahn bei ihrer Arbeit nicht im Wege zu stehen – mit Recht, wie man hier sieht.
Foto: Stadtarchiv Karlsruhe

Die Holzkastenloren der Karlsruher Trümmerbahn fassten jeweils 3–4 m³ Schutt, sodass Lokführer und Heizer schon spitzen Dampfdruck halten mussten, um ihre Fuhre sicher zum Rheinhafen zu bringen. Foto: Stadtarchiv Karlsruhe

derstraße lag ein großes Gleisdreieck mit langem Ausziehgleis, das zum Wenden der Trümmerzüge diente. Diese hatten dann nach Fahrtrichtungswechsel ins Auffüllgebiet am Becken V bis zum Stichkanal zurückzustoßen und ihre Ladung abzukippen.

An allen wichtigen Punkten standen Wärterposten in Wetterschutzhäuschen mit Feldtelefon, um den Querverkehr zu sichern und den Verkehr auf den drei Teilstrecken zu regeln. Da auf den schwer beladenen Schuttzügen nur die Dampflok über eine Bremse verfügte, waren die Bremswege entsprechend lang und man versuchte, den Trümmerzügen überall Durchfahrt zu gewähren. Das galt nach Möglichkeit auch an den Straßenbahnkreuzungen und auf der Strecke hatten Vollzüge vor Leerzügen Vorrang.

Das Eindrucksvollste war für mich natürlich die Fahrt »in die Alb«, wobei der Zug auf der Gefällstrecke trotz Leerlauf der Lok durch das Gewicht der ca. 15 Wagen mit jeweils 8 t eine Geschwindigkeit von 45 bis 50 km/h erreichte. Lok und Wagen schaukelten dabei beängstigend. Unter der Reichsbahnbrücke gab der Lokführer dann Volldampf, was aber natürlich nicht verhinderte, dass der Zug mit seiner schweren Last hinauf zur Vogesenstraße immer langsamer und langsamer wurde. Die letzten 100 m musste die Lok schwer schuften, aber in der Regel schaffte sie es dann mit allerletzter Kraft. Ging es trotz größter Anstrengung nicht mehr weiter, musste der Lokführer den Zug bis in die Alb zurückrollen lassen. Der Streckenwärter an der Zeppelinstraße (Römerhof) hatte dann den »Betriebshof« an der Hildapromenade anzurufen und von dort kam eine Schublok, die sich alsbald hinten an den Zug setzte. Nachdem sich die Lokführer untereinander verständigt hatten, ging es mit voll geöffnetem Regler, dicke Rauchwolken ausstoßend, langsam die Steigung hinauf. Das war ein Erlebnis für jeden Eisenbahnfreund – schade, dass es damals noch keine Videokameras gab.«

Es sei noch hinzugefügt, dass es hier vom 26. Dezember 1947 bis zum 10. Januar 1948 zu einer Betriebsunterbrechung kam, aber nicht aus technischen Gründen, sondern wegen Hochwassers der Alb! Schon am Heiligabend war das Gleis in der Alb unter der Bahnbrücke überflutet. Die Trümmerzüge mit ihren Dampfloks rauschten durch das anschwellende Wasser und warfen große Wellen. Als jedoch am 26. Dezember eine Probefahrt ergab, dass das Wasser die Dampfzylinder umspülte und in den Aschkasten eindrang, ruhte der Betrieb zum Rheinhafen für zwei Wochen.

Am 24. September 1947 kam es infolge eines Zusammenstoßes der Lok »Freiburg« mit einem holländischen Langholz-Lkw zu einer längeren Betriebsunterbrechung der Trümmerbahn in Karlsruhe, weil die Lok unter vollem Dampf umstürzte. Zum Glück gab es bei diesem Unfall nur zwei Leichtverletzte. Foto: Stadtarchiv Karlsruhe

In der ersten Zeit wurden vor allem Trümmer aus dem Gebiet Zirkel-Kaiserstraße abgefahren, die mit Feldbahn-Kipploren über die Verladerampen auf dem Schlossplatz in die großen Trümmerzüge geladen wurden. Dann folgte die Enttrümmerung der östlichen Kaiserstraße zwischen Waldhornstraße und Marktplatz. Dazu musste der gesamte Verkehr, auch die Straßenbahn, über Kapellen-, Kriegs- und Karl-Friedrich-Straße umgeleitet werden, sodass die Kaiserstraße zwischen Marktplatz und Durlacher Tor ab 19. August 1946 vollkommen gesperrt werden konnte. Schnell wurde die Trümmerbahn vom Schlossplatz verlängert und eine Weiche zum Karlsruher Marktplatz eingebaut. Inzwischen waren schon per Handbetrieb große Schuttmengen aus den Grundstücken beidersseits der Kaiserstraße auf den Bürgersteigen angehäuft, die jetzt mit drei Diesel-Greiferbaggern in die bereitstehende Schuttbahn verladen wurden. Die Dampflok stand dabei immer in Richtung Marktplatz, um später den Vollzug in Vorwärtsrichtung zum Rheinhafen fahren zu können. Das kurze Zurückdrücken zur Waldhornstraße nahm man dabei in Kauf. Bei den Leerzügen allerdings dauerte das Fahren länger: Der ohne Ladung vom Rheinhafen kommende Zug durchfuhr den Schlossplatzring bis vors

Auf diesem Bild ist die Karlsruher Schuttbahn nach der Unterquerung der Bahngleise, die hier schon ihre neue Betonbrücke besitzt (und Durchfahrt durch die Alb), auf der schweren Steigung hinauf zur Vogesenstraße, die bei vollbeladenen Trümmerzügen sehr oft eine Schiebelokomotive erforderte. Foto: Stadtarchiv Karlsruhe

An der Kaiserallee überquerte die Trümmerbahn zum zweiten Male die Gleise der Städtischen Straßenbahn, deren Linie 1 hier auf den vollbeladenen Schuttzug warten muss. Die Henschel-Lok trägt das Emblem der AAK, der Aufräumungs-Arbeitsgemeinschaft Karlsruhe.
Foto: Stadtarchiv Karlsruhe

Wie, im Grunde genommen rücksichtslos, das 900 mm-Gleis der Trümmerbahn über die vorhandenen Rillenschienen der Straßenbahn in der Kaiserstraße gelegt wurde, zeigt diese Aufnahme sehr deutlich. Ab 1947/1948 entstand hier auch noch eine zusätzliche Stichstrecke zum Marktplatz.
Fotos: Stadtarchiv Karlsruhe

Schloss, wendete hier und wurde anschließend die ganze Waldhornstraße und noch ein Stück in die Kaiserstraße zurückgedrückt. Auf dem hintersten Wagen fuhr dazu ein Mann mit Pfeife und Flagge mit, aber Bremsmanöver hätte dieser natürlich nicht ausführen können. Von Unfallverhütungsvorschriften hielt man damals nicht viel!

In der Karlsruher Haupt-Einkaufsstraße, der Kaiserstraße, standen oft zwei Trümmerzüge gleichzeitig zum Beladen bereit. Die Schuttmassen waren hier so groß, dass nach einiger Zeit das Gleis am Marktplatz über eine Weiche um die Ecke herum bis zur Hebelstraße verlängert wurde, um die Grundstücke an der Evangelischen Stadtkirche direkt enttrümmern zu können. Die Sperrung der östlichen Kaiserstraße konnte daher schon am 11. November 1946 aufgehoben werden. Im Anschluss daran nahm man sich den mitt-

Die Bn2t-Henschellok mit Namen »Karlsruhe« und dem deutlich sichtbaren AAK-Zeichen drückt auf diesem Bild ihre noch leeren Loren rückwärts vom Schlossplatz in Richtung Kaiserstraße, um bei beladenem Zug mit »Lok voraus« bereitzustehen. Foto: Stadtarchiv Karlsruhe

leren Teil vor. Die Enttrümmerung dieses Bereiches dauerte länger als die des östlichen Teils, weil mehr Schutt aus den dahinterliegenden Grundstücken abtransportiert werden musste. Erst am 20. Juli 1947 war auch dieser Abschnitt »schuttgeräumt«.

Die Räumung des westlichen, des letzten Teils der Kaiserstraße bereitete erhebliche Schwierigkeiten, weil hier vernünftige Umleitungsmöglichkeiten für Verkehr und die Tram nicht zur Verfügung standen. Aber schließlich errichtete man einen Verbindungsbogen über Bismarck- und Stephanienstraße bis zum Kaiserplatz und einem hier eingebauten Schiebegleis. Dieses Schiebegleis lag tagsüber ganz auf der Nordseite des Kaiserplatzes und wurde abends, nach 21 Uhr, über die dann gesperrte Kaiserstraße auf die Südseite geschoben. Sodann wurden die tagsüber gefüllten Schuttbahnzüge abgefahren und Leerzüge bereitgestellt zum Beladen am nächsten Tag. Gegen Morgen wurde das Gleisstück dann wieder auf die Nordseite zurückgeschoben und die Kaiserstraße freigegeben. Dieser schwierige und umständliche Betrieb dauerte mehrere Wochen.

Im Herbst 1947 wurde die Trümmerbahn auf die gesamte Sophienstraße verlegt, womit dann

Aus den Seitenstraßen zum Schlossplatz wurde der Schutt durch kurze 600 mm-Stichstrecken mit Diesel-Lorenzügen zum Hauptumschlagplatz und der 900 mm-Dampf-Trümmerbahn gefahren, die ihre schwere Ladung von hier aus zum 9 km entfernten Rheinhafen transportierte. Foto: Stadtarchiv Karlsruhe

also auch der untere, südliche Teil außerhalb der Innenstadt enttrümmert werden sollte. Schon seit Ende 1945 hatte man hier eine provisorische Schuttsammelstelle am Schmiederplatz geschaffen, die jetzt so hoch war, dass man vom vierten Stock der Häuser in der Karlstraße nicht mehr darüber hinweg schauen konnte. Die Zufahrt auf diese enorme Höhe erfolgte in schneckenförmigen Windungen und war, besonders für die hier noch verwendeten Pferdefuhrwerke, mehr als mühsam. Diesen riesigen Scherbelino abzubauen, war Hauptaufgabe des neuen Streckenabschnittes der 900 mm-Trümmerbahn.

Auf dieser Strecke rollten die Trümmerzüge ab 1. Februar 1948. Weitere Ausbau-Gleise reichten bis über die Kriegsstraße und erschlossen damit auch das gesamte Trümmerfeld bis zum Stadtgarten. Am Gleisdreieck an der Kriegs- und Lammstraße stand ein Wärterposten, der nicht nur die drei Weichen zu bedienen, sondern auch den schon recht regen Straßenverkehr zu regeln hatte.

Ereignisdaten der Karlsruher Trümmerbahnen

Betriebsaufnahme der 900 mm-Trümmerbahn	11. Juli 1946
Sperrung und Enttrümmerung der östlichen Kaiserstraße	19. August–11. November 1946
Sperrung und Enttrümmerung der mittleren Kaiserstraße	11. November–20. Juli 1947
Sperrung und Enttrümmerung der westlichen Kaiserstraße	ab 15. September 1947
Stadtratsfahrt	10. Mai 1947
Zusammenstoß holländischer Langholz-Lkw L.Marum-/ E. Händelstraße mit Lok »Freiburg«	am 24. September 1947 (zwei Leichtverletzte)
Betriebseinstellung wegen Alb-Hochwasser	26. Dezember 1947–10. Januar 1948
Betriebsaufnahme der Strecke Sophienstraße	1. Februar 1948
Abschlussfeier in der »Künstlerkneipe« Dürr-Brücke	9. Dezember 1949
letzter Zug zum Rheinhafen	31. Dezember 1949

Die Karlsruher Trümmerbahn fuhr bis zum 31. Dezember 1949 und füllte in dieser Zeit am Rheinhafen südlich des Beckens V ein mehrere 100 m breites und 2 km langes Gebiet auf, welches das heutige große Industriegebiet Fettweisstraße/Industriestraße bildet.

7.7 München

Die jüngste Millionenstadt Deutschlands hat seit Kriegsende eine atemberaubende Entwicklung gemacht. Voraussetzung dafür war jedoch eine sinnvolle Industrialisierung mit neuen Arbeitsplätzen und echten Freizeitangeboten. Doch in den Nachkriegsjahren sah es hier anders aus: Ruinen, so weit das Auge reichte. In München ergaben sich daher gleich mehrmals Aufgaben zur baulichen Neugestaltung großer Trümmerfreiflächen: Einmal durch das notwendige große Aufräumen nach dem Krieg und dann noch einmal in den Jahren vor der Münchner Olympiade 1972. Fast automatisch und ohne nennenswerten Widerstand vollzog sich am 30. April 1945 in der bayerischen Metropole das Ende des Dritten Reiches – die 7. US-Armee marschierte in München ein. Doch war der Einmarsch der Amerikaner für die Einheimischen nur anfangs ein Anlass zur Freude, die sich aus dem Gefühl des aus Tod und Verwüstung geretteten Lebens ergab, denn schon am nächsten Tag erließen die Amerikaner den ersten Tagesbefehl: Ausgangsverbot für die Zivilbevölkerung zwischen 19 und 6 Uhr. Alle Regierungsgewalt ging jetzt von der Militärregierung aus, die in München im Alten Rathaus residierte. Besonders ausgebildete, Deutsch sprechende Offiziere der amerikanischen Armee besaßen die Entscheidungsbefugniss. Doch lange ging das nicht so. Bereits Mitte Mai übertrugen die Amerikaner einen Teil der Aufgaben an die deutsche Stadtverwaltung, vertreten durch den Oberbürgermeister Dr. Karl Scharnagl.

Was Fleiß und Kunstgefühl vieler Generationen von Münchnern in Jahrhunderten aufgebaut hatten, war jetzt nur noch ein riesiger Trümmerhaufen. Zerborstene Gewölbe und Reste von Außenmauern markierten das altehrwürdige Kirchenschiff von St. Peter. Die freistehenden schlanken Chorpfeiler des Domes schienen allein zur Stütze des Firmamentes bestimmt. Und auf dem Stachus ragten nur noch verbogene Straßen-

In München blieben ganze Stadtteile vom Bombenkrieg verschont, wie diese Aufnahme am Zenettiplatz im Sommer 1949 beweist. Die 900 mm-Strecke der Schuttbahn ist fein säuberlich im Straßenpflaster versenkt eingebaut.
Bild: Stadtarchiv München

Schutt-Aufräumungsarbeiten in der Münchner Georgenstraße 1945: Amerikaner sind hier als Bewacher für die arbeitenden deutschen Kriegsgefangenen eingesetzt, aber der Wachdienst wird von den Soldaten scheinbar nicht allzu Ernst genommen. Hinter dem Trümmerberg, der die halbe Straße verdeckt, verlief die Schuttbahnstrecke sogar zweigleisig, wie die zweite Aufnahme zeigt.

Fotos: Stadtarchiv München

bahnschienen und kurz vor dem Umkippen stehende Ruinenreste in die Höhe.

Die zweite Hauptsorge der Verantwortlichen war die Wiederherstellung der Verkehrsverbindungen. Aus der Halle des Münchner Hauptbahnhofs mit ihrem deformierten und zerfetzten Stahlgerippe und aus den Trümmern von Starnberger- und Holzkirchner Flügelbahnhof konnte kein Zug mehr ausfahren. Die geknickten Signalmasten und die verbogenen Schienen des von Bombentrichtern aufgewühlten Gleiskörpers schienen nicht mehr entwirrbar. Auf Initiative von Oberbürgermeister Scharnagl wurde unter primitivsten Bedingungen ab Mitte 1945 der Zugverkehr

An der Schuttzwischenlagerstelle Sendlinger-Tor-Platz wird im Juli 1946 ein langer Zug mit schweren 4 m^3-Kastenloren beladen, der sich auf der zweiten Aufnahme in Bewegung gesetzt hat und anschließend die hier in Richtung Stachus verlaufenden Tramgleise kreuzt.
Fotos: Stadtarchiv München

wieder aufgenommen. Die Instandsetzung der Gleis- und Sicherungsanlagen sowie der Lokomotiven, die dem vorausging, glich einem kleinen Wunder! Doch da die Münchner Wirtschaft auf dem Schienenweg beliefert werden musste, war die Inbetriebnahme zumindest des Güterverkehrs eine Frage des Überlebens, die damals nur wenige richtig verstanden. Bald liefen auch wieder die ersten Personenzüge unter der halbzerstörten Hackerbrücke hindurch.

Im Zentrum Münchens, an der Herzog-Wilhelm-/Ecke Kreuzstraße nähert sich 1946 ein beladener Trümmerbahnzug, der von hier zur 150 m entfernten Zwischenlagerstelle am Sendlinger-Tor-Platz weiterfuhr.
Foto: Stadtarchiv München

Drei Wochen nach dem Einmarsch der Amerikaner nahm auch die Straßenbahn auf einigen Linien ihren Betrieb wieder auf. Doch was war aus der Münchner Tram geworden: Nur langsam und abschnittsweise konnte das an vielen Stellen unterbrochene Netz wieder zusammengeflickt, die Tramwagen mehr schlecht als recht mit Pappe statt Glasscheiben in den Fenstern auf ihre Fahrt geschickt werden. In den meisten Straßen mussten die Gleise erst aus meterdicken Schuttschichten herausgeschaufelt, die Oberleitungen unter Verwendung alter Fahrdraht-Restbestände regelrecht zusammengebunden werden. Wie in Karlsruhe behinderten dabei die ohne Überlegung von den Militärs auf halber Höhe angebrachten dicken Kabelstränge aus Telefon-, Fernschreiber- und Lichtkabeln die Oberleitungsreparatur-Kolonnen der Tram und den Straßenbahnbetrieb selbst. Aber an den Militärinstallationen etwas zu ändern war verboten.

Der Säuberung und Nutzbarmachung der Durchgangs- und Innenstraßen folgten bald systematische Untersuchungen zur so genannten »Gebäudeschutt-Räumung«. Vordringlich war dabei die Großenttrümmerung der weiten Ruinenfelder in der Altstadt sowie in West-Schwabing und im Hauptbahnhofs-Viertel, das besonders gelitten hatte. Unter der Leitung des von Scharnagl initiierten Wiederaufbaureferates wurden ab März 1946 die Ruinen und Mauerreste mithilfe von Flaschenzügen und mittels Baggern zum Einsturz gebracht. Widerstandsfähige Beton- oder Stahlbetondecken mussten durch Sprengfirmen oder vom Sprengkommando der Städtischen Feuerwehr beseitigt bzw. erst einmal »pulverisiert« werden, ehe sie beseitigt werden konnten. Komplizierte Abbrüche, die Sicherungsmaßnahmen an benachbarten Gebäuden erforderten, besorgten die Spezialisten der Städtischen Bauwacht.

Interessant ist, dass aus den Unterlagen der Städte in den westlichen Besatzungszonen, wie z.B. Hannover oder Frankfurt (Main), hervorgeht, dass hier auf Militärbefehl nicht gesprengt werden durfte. Lediglich in Berlin (Großbunker), Dresden und München, also in schwierigen Fällen, erlaubte man die Sprengung von sonst nicht bergungsfähigen Ruinen. Beim Abfahren des Schutts, der in München auf insgesamt acht bis neun Millionen Kubikmeter geschätzt wurde, half ein schon während des Krieges eingerichtetes Feldbahn-Netz mit 600 mm Spurweite, das mit Dampfloks und Kipploren mit anfangs nur 0,75 m^3 Ladekapazität bedient wurde. Abgeladen wurden die Trümmermassen zunächst am Luitpoldpark, am Pullacher Platz sowie an der Gabelsberger Straße vor der Alten Pinakothek. Ende 1945 begann man zusätzlich mit der Anlage einer großen Schuttkippe in Neuhofen, die man mit einer zweigleisigen 900 mm-Feldbahn aus Richtung Sendlinger-Tor-Platz anschloss. Hier wurden 2- und 4 m^3-Loren genutzt. Weitere Zwischenlagerplätze kamen hinzu, z.B. der schon genannte Sendlinger-Tor-Platz, Herzog-Wilhelm-Straße, Jakobsplatz und Maxburg.

Der Luitpoldpark war inzwischen zur Endkippe avanciert. Von den genannten Zwischenlagern wurde der gesammelte Bauschutt daher über die erste Trümmerbahn weiterhin nach dort und nach Neuhofen befördert. Inzwischen kam mit dem Oberwiesenfeld, dem heutigen Olympia-Gelände, eine neue Großkippe dazu, die ab Ende 1947 über eine ebenfalls neue Trümmerbahn mit 900 mm Spurweite angefahren wurde.

Schon nach der Währungsreform im Sommer 1948 konnte die von den wesentlichen Beschränkungen und Mangelerscheinungen befreite Münchner Bauwirtschaft damit beginnen, den Trümmerbahnverkehr langsam abzubauen und dafür den direkten und wirtschaftlicheren Lkw-Transport in Angriff zu nehmen. Auch auf die Beschickung von Zwischenkippen konnte nach und nach verzichtet werden.

Der zügige Fortschritt der Trümmerbeseitigung war nicht zuletzt darauf zurückzuführen, dass man in der bayerischen Metropole – im Gegensatz zu anderen Großstädten – die Vergabe der einzelnen Räumlose an Firmen im Leistungsvertrag abwickelte und nicht im Lohnvertrag, der ja den Faktor »benötigte Zeit« nicht berücksichtigte. Die viele Jahre später erhobenen Vorwürfe, man habe damals viele historische Ruinen allzu großzügig abgeräumt, sind bezogen auf den stark restaurativen Blickwinkel der Gegenwart (R. Bauer). Sie übersehen die damalige Ausgangslage und die notwendigerweise gültige Rangfolge bei den gigantischen Aufgaben der Nachkriegszeit.

Mit dem Ende der Großflächenräumung in Schwabing stellte als Letzte der dampfbetriebenen Trümmerbahnen im März 1950 die so genannte »Nordbahn« ihren Betrieb ein. Die Schuttkippen in Neuhofen und auf dem Oberwiesenfeld, die heute beliebte Grünanlagen sind, waren schließlich die letzten Ablagerungsstätten für die acht Millionen Kubikmeter Schutt des zerbombten München.

7.8 Stuttgart

Der Überlieferung nach soll Herzog Liutolf von Schwaben um 950 in einer Tal-Erweiterung des Nesenbach einen »Stuotgarten«, also ein Gestüt, angelegt haben, das der entstehenden Siedlung und späteren Stadt seinen Namen gab. Trotzdem stand Stuttgart bis weit ins Mittelalter im Schatten des viel älteren Cannstatt, das an einer bereits in vorgeschichtlicher Zeit benutzten Furt über den Neckar und an der Schnittstelle wichtiger Straßen lag. Diese Fernstraßen rund um Stuttgart führten 2.000 Jahre später dann dazu, dass Stadt und Umgebung als Bombenziel aus der Luft besonders gut zu finden waren. Dabei gingen die Alliierten in der Auswahl ihrer Ziele fast lehrbuchhaft vor: *»Schon Mitte des 19. Jahrhunderts haben Kohle- und Erzvorkommen im Ruhrgebiet, in Sachsen, Oberschlesien und an der Saar zur Konzentration einer Schwerindustrie in diesen Gebieten geführt, gut und schön! Aber: Der deutsche Textilmaschinen- und Metall-Bau, besonders die Werkzeugmaschinenindustrie, sind in Stuttgart und Umgebung angesiedelt, nicht zuletzt auch die riesigen Daimler Benz-Werke. Und gar nicht weit von der schwäbischen Metropole, in Geislingen, wird durch WMF der härteste Stahl der Welt erzeugt, der in jeden deutschen Panzer eingebaut ist.«* Den Rest kann man sich denken.

Fast 60 % der Stuttgarter Innenstadt waren am Ende des Zweiten Weltkrieges durch Luftangriffe zerstört, rund acht Millionen Kubikmeter Trümmer lagen herum. Auf dem Birkenkopf, die mit 505 m über NN höchste Erhebung in Stuttgart, lag der Schutt 40 m hoch aufgetürmt. Unter dem, von den Alliierten eingesetzten und 1946 durch Wahl bestätigten, Oberbürgermeister Arnulf Klett hatten daher die Trümmerbeseitigung und der Wiederaufbau oberste Priorität. Flüchtlinge, Heimatvertriebene, die Stuttgarter selbst und ab 1958 auch Gastarbeiter haben erheblich dazu beigetragen, dass die 1945 auf 266.000 Einwohner zusammengeschrumpfte Bevölkerung bis 1950 auf rund 600.000 anwuchs. Die Errichtung großer Wohnsiedlungen und die Schaffung einer autoge-

Stuttgart, April 1950: Die Trümmerverwertungsanlage am Schlachthof wurde zur (fast automatischen) Herstellung von Ziegelsteinen aus Trümmerschutt verwendet. Zur Bestückung mit Rohschutt rangiert hier eine Gmeinder-Diesellok auf der Zufahrtsbrücke. Foto: Stadtarchiv Stuttgart

Die Kippe für Trümmerschutt im Flaschenhalsgelände. Der Anteil der hierher transportierten Restschuttmassen war auf Grund des hohen Wiederverwertungsertrages in den zentral gelegenen Anlagen in Stuttgart relativ klein und die Kosten daher günstig.
Foto: Stadtarchiv Stuttgart

rechten Stadt waren das vorrangige Ziel der ersten Planungen. Die Fehler dieser Konzeption können heute nur mühsam wieder korrigiert werden.

Die Überlegungen Kletts und seiner Fachleute sahen für den Abtransport der etwa acht Millionen Kubikmeter Schutt folgende Konzeptionen vor:

1. Lastwagentransport,
2. Schienenfahrzeuge auf besonderen Schuttbahnen,
3. die Stuttgarter Straßenbahn (damals ausschließlich 1000 mm Spurweite; seit etwa 15 Jahren schrittweiser Umbau auf Normalspur)

Der Transport mit Lastkraftwagen schied für die Großräumung in der unmittelbaren Nachkriegszeit sehr bald aus, da die Treibstoff-, Ersatzteil- und Reifen-Probleme der damaligen Zeit die Verwendung des Lkw für einen solchen Großeinsatz vereitelten. Es blieb also die Wahl zwischen einer neu zu bauenden Trümmerbahn, und die könnte, da ja die Tram in Stuttgart auf Meterspur fährt, in der gleichen Spurweite ausgeführt werden, um damit einen freizügigen Austausch der Schutt-Lorenwagen zwischen Tram und Trümmerbahn zu ermöglichen, oder dem ausschließlichen Großeinsatz der Straßenbahn für den Trümmertransport.

Gerade das Letztere schien den Verantwortlichen sehr verlockend, da ja das Schienennetz der Tram bereits bestand, wenn auch reparaturbedürftig, neu zu verlegende Trümmerbahngleise aber in jedem Falle den übrigen Verkehr behindern würden. Die amtliche Argumentation dazu lautete seinerzeit so: *»(...) da jedes Gleissystem, das provisorisch durch eine Großstadt gelegt werden muß, (...) erhebliche Schwierigkeiten und Nachteile für den Verkehr mit sich bringt, ist es zunächst abzulehnen«*. Es wurde daher alles versucht, um einen Großeinsatz der Stuttgarter Straßenbahn für den Schutteinsatz zu ermöglichen.

Die besondere geographische Situation der Stadt, die den Hauptteil des Verkehrs auf die schmale Talsohle von Heslach bis zum Neckar konzentriert, ließ es jedoch als unmöglich erscheinen, zwischen dem auf diesen Strecken zusammengeballten Personenverkehr auf der Tram auch noch zusätzliche Schuttzüge in regelmäßigem Abständen einzulegen. Auf der anderen Seite erschien es unmöglich, über mehrere Jahre die schmale Talsohle mit einer besonders zu verlegenden Schuttbahn weiter zu verengen. Vor allem aber wollte man im Raum der Königstraße keine Kreuzung mit einer Trümmerbahn. Eine Kreuzung der Königstraße hätte nach Einschätzung des

Eine Deutz-Diesellok vom Typ OME 117 F rangiert mit ihrem Lorenzug in 600 mm Spurweite auf einer direkt aufs Pflaster gelegten Feldbahnstrecke, wobei man, da kein gebogenes Gleisstück greifbar war, schnell eine Weiche ohne Funktion eingebaut hat. Datum und Ort dieser Bilder waren unauffindbar.

Fotos: Stadtarchiv Stuttgart

Technischen Referates *»ein unverträgliches Hindernis«* bedeutet. Bei einer Steigerung des Verkehrs würde sie *»einen geordneten Fluß überhaupt in Frage stellen«*.

Aufgrund dieser Überlegungen kam man auf die Notwendigkeit einer Zweiteilung des Transportsystems zur systematischen Trümmerräumung: Das Hauptschadensgebiet, das westlich

der durch die Königstraße begrenzten Nord-Süd-Achse lag, musste – darum kam man nicht herum – durch eine besondere Schuttbahn für die Großräumung erschlossen werden. Diese fuhr – mit einer einzigen Hauptverkehrsstraßen-Kreuzung, der Heilbronner Straße – unter Zuhilfenahme der Reichsbahnanlagen direkt zu den Auffüllgebieten am Neckar. Für das Gebiet östlich der Königstraße indes, das nicht den Umfang der Schäden der Weststadt aufwies und sich im Wesentlichen auf die Altstadt konzentrierte, konnte die Straßenbahn zum Schutt-Abtransport vorgesehen werden.

Der Ausbau beider Transportmittel verzögerte sich dann allerdings auf Grund der wirtschaftlichen Schwierigkeiten und nicht unvorhergesehener Materialknappheit über ein Jahr. Die Trümmerbahn in der Spurweite 600 mm konnte ihren Betrieb erst im Herbst 1946 aufnehmen. Die von der Straßenbahn nach Kriegsende bestellten meterspurigen Spezialfahrzeuge gingen sogar erst Ende 1947 in wenigen Exemplaren in den Betrieb. Kein Wort mehr von einem Austausch der Wagen zwischen der Trümmerbahn und der Straßenbahn, kein Anstreben gleicher Spurweiten für den gleichen Zweck – alles schien vergessen. Doch der Schein trog: Es war für die sparsamen Schwaben einfach nicht möglich, ohne Überschreitung gesetzter Kostenrahmen »Komfortlösungen« in der Schuttbeseitigung einzuführen, die man ja nach einigen Jahren doch wieder hätte abstoßen müssen. Eine »echte« Trümmerbahn mit 600 mm Feldbahngleisen für die eigentliche Abfuhrbahn und teilweise 500 mm-Gleise für die kleinen Stich- und Zulaufstrecken reichten nach Meinung der Verantwortlichen für die relativ kurze Zeit ihres Einsatzes völlig aus. Und dieses Material konnte man sich für relativ wenig Geld gebraucht beschaffen. Es dauerte halt nur etwas länger.

Zeitgleich mit der Bearbeitung der Transportprobleme wurde auch die Verwendungsmöglichkeit der Trümmer geprüft. Die besonderen Probleme Stuttgarts lagen in dem hohen Prozentsatz von Gips im Mauerwerk. Gips kann bekanntlich beim Zusammenkommen von Zement und Wasser das Mauergefüge zerstören und ist für Neuprojekte daher nicht verwendungsfähig. Er musste daher möglichst vollständig aus dem Trümmerschutt ausgeschieden werden. Für die Beseitigung des Gipsgehaltes aus den Trümmern standen drei Verfahren zur Auswahl:

Das **Trockenverfahren**, das durch Sieben des Trümmerschutts alle Bestandteile unter 6 cm Durchmesser von der Wiederverwendung ausschloss und damit praktisch nur Steintrümmer in die Wiederverarbeitung gelangen ließ.

Das **Nassverfahren**, das die gipshaltigen Teile auszuschwemmen versucht.

Das so genannte **Lurgi-Verfahren**, das den gesamten Trümmerschutt unter hohen Temperaturen einem Sinterprozess unterwirft, wobei der Gipsgehalt weitgehend vernichtet wird.

Für das zuletzt genannte Verfahren hatte sich die Stadt Frankfurt bereits entschieden. Die Verantwortlichen in Stuttgart untersuchten es daher genau, ob es nicht auch für den schwäbischen Schutt anwendbar wäre. Der große Vorteil des Lurgi-Verfahren war die Gewinnung eines spezifisch leichten Steins, der für moderne Betonkonstruktionen im Wiederaufbau besonders günstige Möglichkeiten bot. Dem stand jedoch gegenüber, dass die Verbrennung des Schutts einen hohen Anteil an Kohle erforderte – und die hatte man nicht. Ein weiterer, schwer wiegender Einwand gegen das Lurgi-Verfahren war, dass der Bau der Anlage Millionen Mark gekostet hätte, für die die sparsamen Schwaben das Geld nicht ausgeben wollten. Das zweite Wiedergewinnungsverfahren schied nach Prüfung ebenfalls aus, denn die Ausschwemmmethode hätte zu große Mengen an Wasser erfordert und war daher ebenfalls zu teuer. Übrig blieb also für die Verwertung gipshaltigen Schutts nur das Trockenverfahren und danach wurden in Stuttgart auch die entsprechenden Wiederaufbereitungsanlagen konzipiert. Sie waren im Wesentlichen eine sinnvolle Kombination von Sieb- und Brecheinrichtungen. Zunächst lief der unsortierte Schutt über einen Grobrost, in dem alle Teile unter 60 mm Korngröße wegen ihres möglichen Gipsgehaltes ausgeschieden wurden. Das übrig gebliebene Grobgut wurde anschließend über Lesebänder geleitet, auf denen von Hand schädliche Teile aus Holz oder Metall, aber auch unbeschädigte Backsteine, aussortiert wurden. Eine Magnettrommel am Ende des Lesebandes zog darüber hinaus kleine, optisch schwer erkennbare Metallteile heraus. Über eine Aufgabeeinrichtung fielen die Trümmersteine dann in einen Grobbrecher. Das daraus entstehende Material wurde durch Siebe abermals in drei Gruppen getrennt. Das feinste Material unter 5 mm Korngröße wurde wegen der Gefahr von Gipsbestandteilen erneut ausgeschieden. Das gesiebte Material zwischen 5 und 12 mm Korngröße wurde als fertiger Zuschlagstoff verwendet. Das letzte Sieb für das grobkörnige Material über 12 mm Korngröße leitete die Brocken Feinbrechern zu, die es nach dem Brechen durch Rüttelsiebe in drei Gruppen (0–2 mm; 2–7 mm und 7–12 mm) unterteilten. Das übrige Material, das auch im Feinbrecher größer geblieben war als 12 mm, wurde einem Walzenbrecher zugeleitet, der es zu Grobsand verarbeitete. Die so gewonnenen Baustoffe waren Ausgangsmaterial entweder für die Betonherstellung oder sie fanden Verwendungen als Betondecken und -dächer.

Das bei Kriegsende zwar optisch entsetzlich zerstörte Stuttgart gehörte längst nicht zu den am schwersten betroffenen deutschen Großstädten. Eine 1947 erstellte Übersicht nannte Stuttgart an 18. Stelle. Die Studie setzte die gesamten in den Städten liegenden Trümmer in Bezug zu ihrer Einwohnerschaft. Danach lag auf Platz 1 Dresden mit 42 m^3 pro Einwohner und Stuttgart, wie erwähnt, auf Platz 18 mit 10,9 m^3.

Allerdings lagen die acht Millionen Kubikmeter Trümmer in dem sehr engen Talkessel von rund 4 x 5 km (20 km^2). In Berlin hingegen verteilten sich die 70 Mio m^3 auf etwa 400 km^2 Ruinenfläche – hier mussten naturgemäß ganz andere Maßnahmen erwogen werden. In Stuttgart dagegen konnte man fast von einer Trümmerräumung »im Kleinen« sprechen. Wenn die Schäden auch trotzdem »unübersehbar« waren, im Vergleich waren sie eben doch sehr viel geringer. So lassen sich die ergriffenen Maßnahmen in der schwäbischen Metropole durchaus als wirtschaftlich vertretbar einstufen.

Besondere Probleme bereitete, wie auch in den anderen westlichen Großstädten, der Arbeitskräftemangel bei der Trümmerräumung, da ja die Doktrin der westlichen Militärregierungen keinen Zwang zum Schutträumen zuließen. Auch Stuttgarts Stadtväter versuchten es daher mit Aufrufen, wie Mitte 1946: *»9 cbm Schutt entfallen auf jeden Einwohner unserer Stadt. Wo bleiben hier die schaffenden Hände zur Beseitigung dieser 4,5 Millionen Kubikmeter Trümmer? Augenblicklich arbeiten nur 87 Stuttgarter an der Trümmerbeseitigung – So darf es nicht weitergehen! In 5–6 Nachmittagen könnte jeder Arbeitsfähige leicht seine 9 m^3 Schutt so aus den Ruinen herausschaffen, dass unsere Bagger ihn verladen können. Wenn einmal wieder mehr Nahrung da ist, rufen wir Dich auf und rechnen mit Deiner Mitarbeit!*

Ein Drittel des Aufbaus in der Stuttgarter Innenstadt wurde bis zum Jahr 1950 aus Baustoffen bestritten, die aus Trümmerschutt gewonnen wurden. Stuttgart besaß mit der geschilderten Anlage eine der größten und leistungsfähigsten Wiederverwertungsanlagen der Nachkriegszeit. So stand die schwäbische Hauptstadt nach Frankfurt und München an dritter Stelle des prozentualen Anteils bei der Baustoffrückgewinnung. Bis Juli 1950 war etwa die Hälfte des Schutts geräumt und davon hatte man etwa 50 % dem Baustoffkreislauf wieder zugeführt. Um die Entwicklung dieser aus der Not der Zeit geborenen Anlage zu vollenden, untersuchte man, zusammen mit der Arbeitsgruppe Trümmerverwertung, eine mögliche Ausweitung ihres Produktionsspektrums. Wenn auch die neuen Dach- und Deckenkonstruktionen, z.B. mit wenig Moniereisen auskamen, war dies doch noch immer Voraussetzung für eine solide Bauweise. Nur hatte man zu wenig davon. Auch hier mussten die Trümmer aushelfen. Bisher in der Anlage anfallender Schrott war zum großen Teil unverwertbar – jetzt untersuchte man, ob sich nicht mehr daraus machen ließe. Es gelang, ein bisher anderen Zwecken dienendes Werk in der Nähe für das Einschmelzen des Schrotts zu nutzen und das Auswalzen in Moniereisen sicherzustellen. Im Sommer 1947 wurde mit der relativ geringen Menge von 50 t je Monat begonnen; bis 1948 konnte die Produktion auf 400 t im Monat gesteigert werden.

In allen Bereichen gab es immer neue Aktivitäten: Bei der beschriebenen Arbeitsweise des Aufbereitungsbetriebes ergab sich, dass etwa 50 % des Schutts verwertet werden konnten, während der Rest abgefahren und zunächst zur Auffüllung von ausgebaggerten Kiesgruben im Neckartal verwendet wurde. Die Kosten konnten im Laufe der Zeit von anfangs 25,- Mark je Kubikmeter durch den verstärkten Einsatz der Trümmer- und Straßenbahn auf acht Mark gesenkt werden.

Bischof Dr. Aloysius Muench, der spätere Erzbischof und Kardinal, der Stuttgart 1946 besuchte, zeigte sich von dem Willen zum Überleben *»trotz allem Traurigen und Niederdrückendem«* tief beeindruckt. *»Da saßen Männer, Frauen und selbst Kinder auf den Trümmern, sammelten Backsteine, klopften sie säuberlich ab, schichteten sie auf, mit einem Wort: Rüsteten zum Wiederaufbau. Mit Freude habe ich da zugeschaut und meinen Begleitern gesagt: Sie werden sehen – dieses Volk wird sich wieder erholen«.*

Auch hier in Stuttgart kam der Begriff »Trümmerfrauen« auf. *»Er war anerkennend gemeint und sollte kurz und treffend zum Ausdruck bringen, welch hervorragenden Beitrag die Frauen nach 1945 zum Wiederaufbau unseres Landes leisteten. Die Frauen übernahmen, neben der Sorge für ihre Kinder und hilfsbedürftigen Angehörigen, die Hauptlast des Wiederaufbaus. Sie haben damals im wahrsten Sinne des Wortes ihre Frau gestanden«*, schrieb Oberbürgermeister Manfred Rommel im Oktober 1994.

Die insgesamt ca. 5 km lange Trümmerbahn in 600 mm Spurweite wurde mit vier Dampf- und zehn Dieselloks betrieben. Etwa 145 Kipploren mit 0,75, 1 und 2 m^3 Fassungsvermögen standen für die Trümmerräumung zur Verfügung. Ihr Einsatz fand wie erwähnt ab Herbst 1946 statt. Fünf Jahre später hatte die Trümmerbahn in Stuttgart ausgedient.

8. Über den Anfang kam man hinweg: Schwere Jahre

Wie in den Städte-Berichten im Kapitel 7 deutlich wurde, hat es nicht so sehr in der Art der Trümmerräumungs-Technik, wenn man von der unterschiedlichen Anwendung des Ruinen-Sprengens (oder Nichtsprengens) einmal absieht, Unterschiede zwischen Ost und West gegeben, wohl aber im Material- und im Arbeitskräfteeinsatz. Daraus ergaben sich dann auch die großen Unterschiede in der Leistungsbilanz: In Dresden gab es noch 1958 Trümmerbahnen – in den westdeutschen Städten, die allerdings auch nicht so schwer zerstört waren, war meist Anfang der 50er-Jahre schon Schluss.

Die Jahre 1945/46 dienten vorwiegend dazu, die Technik des Trümmerräumens in den Griff zu kriegen und Erfahrungen zu sammeln, z.B. welche Abbruchvorgänge bei welcher Art von Ruinen im Einzelnen vorzusehen waren oder wie man die Trümmerbahnen sinnvoll einsetzte. Ende 1946, als in allen deutschen Großstädten die Trümmerbahnen dann voll liefen und teilweise hohe Räumleistungen erzielt wurden, konnte man ohne Übertreibung behaupten, dass man den Anfang geschafft hatte, die Ergebnisse gut waren und man so weitermachen könnte. Doch das klappte nicht – es folgten schwere Jahre in der Trümmerbergung und die Leistungen von 1946 wurden im Folgejahr und in einzelnen Städten auch 1948 bei weitem nicht erreicht. Woran lag das?

Zunächst einmal lag es natürlich an den permanent fehlenden Arbeitskräften. In der nachfolgenden Untersuchung soll daher dieser Punkt zuerst behandelt werden und auch gleich die Stadt, die nach dem hoffnungsvollen Beginn am meisten darunter zu leiden hatte – die Westsektoren Berlins.

Denn in Bezug auf den Arbeitskräfte-Einsatz machte Westberlin eine große Ausnahme. Mit der Luftbrücke mussten in der zweiten Hälfte 1948 rund 19.000 Arbeitskräfte aus der Trümmerräumung abgezogen und für den Neubau des Flughafens Tegel eingesetzt werden. Weitere (männliche) Fachleute wie z.B. Schweißer, die beim Ruinenabräumen genauso dringend benötigt wurden, mussten zu hunderten die Lochblech-Landebahnen der Flugplätze Tempelhof und Gatow in Ordnung halten, da deren Haken und Ösen durch das Aufsetzen der schweren Luftbrückenmaschinen immer wieder ausrissen und neu geschweißt werden mussten, bis die zwei Flugplätze nach und nach neue Landebahnen mit einer Teerschicht erhielten. Auf dem neuerbauten Flugplatz Tegel hatte man von Anfang an die beiden Runways in Teerschicht-Technik erstellt. Hinzu kamen die vielen Transporteure und Kraftfahrer, die für den Flugplatzbau benötigt wurden und die per Flugzeug angelandeten Lebensmittel in die Lager zu fahren hatten.

Glück haben die Frankfurter: Bei der Trümmerbeseitigung 1947 hilft ihnen die US-Armee. Bevor später, wie hier an der Eschenheimer Landstraße die Trümmerbahn ihren Betrieb aufnahm, stellten die Amerikaner über lange Monate hinweg einen Großteil ihrer eigenen Transportkapazitäten zur Verfügung.
Foto: Institut für Stadtgeschichte, Frankfurt (Main)

Wie in den Städte-Kapiteln bereits anklang, hatte aber der Rückgang der Räumleistung noch andere Gründe – der harte und lange Winter 1946/47 sowie der darauf folgende heiße Sommer. Beide zusammen haben in allen Städten, im Westen und im Osten, den Abbruch der Ruinen und das Abfahren der Trümmer negativ beeinträchtigt. Und daraus resultierend übrigens auch das Einstellen von neuen Mitarbeitern. Bei der damaligen schlechten Ernährungslage der Bevölkerung, den immer noch miserablen Wohnverhältnissen und der täglich immer wieder neu akuten Heizungsfrage konnte man es niemandem verdenken, wenn er oder sie sich in dieser schweren Zeit mehr um häusliche Probleme kümmerte anstatt bei 20 Grad Kälte auf einer Baustelle zu arbeiten.

Hinzu kam, dass in den Westzonen gerade um diese Zeit bekannt wurde, dass zu den Trümmerdiensten, wenn er sich nicht freiwillig meldete, kein Deutscher mehr gezwungen werden durfte. In den Vorjahren war dies noch nicht so klar und eindeutig gewesen. Im Frühjahr 1947 versuchten es mehrere Städte daher mit einem materiellen Anreiz: Wer sich freiwillig für eine Woche zur Trümmerräumung meldete, bekam eine entsprechende Urkunde und eine Lebensmittelzulage, während Lohn bzw. Gehalt vom Arbeitgeber weitergezahlt wurden. Doch half dies scheinbar nur vorübergehend, denn schon Ende 1947 klagten Hannover, Dresden und andere Städte schon wieder über zu wenig Arbeitskräfte. In Hannover war es besonders schlimm. Im September hatte sich die Stadtverwaltung darüber ausgelassen, dass statt der benötigten mindestens 300 Arbeitskräfte täglich nur 30 zur Arbeit erschienen. Im Lagebericht vom Januar 1948 musste die Verwaltung dem Regierungspräsidenten sogar mitteilen, dass die freiwillige Trümmerräumung nunmehr ganz zum Erliegen gekommen sei. So blieb nichts weiter übrig, als den materiellen Anreiz nochmals zu verstärken: Für 60 Arbeitsstunden gab es jetzt zusätzlich 1.000 alte Ziegelsteine, sofern der Nutzer ein genehmigtes Bauvorhaben nachweisen konnte und gegen Erstattung der Selbstkosten. Von da an wurde es in Hannover etwas besser.

In der sowjetischen Besatzungszone, erst am 7. Oktober 1949 wurde ja die DDR gegründet, hatten die schweren Jahre aber andere Ursachen: Nach einem Bericht der VEB Baubetriebe kam es wiederholt zu Engpässen bei der Treibstoff-Lieferung. Beispielsweise konnten von 110 Lastwagen

Bevor der vollbeladene Trümmerzug mit 0,75 m³-Kipploren auf die nächste Fahrt geht, erlaubt sich der kurzbehoste Lokführer auf dem Deutz-Diesel eine kurze Zigarettenpause. Es ist Sommer 1948. Die aufgelockerte Bebauung im Hintergrund lässt auf die südöstlichen Randgebiete Berlins schließen.
Foto: Landesarchiv Berlin

nur 28 mit Kraftstoff versorgt werden und der Dieseltreibstoff für die Trümmerbahnloks reichte nur noch für knapp eine Woche. Die zahlreichen freiwilligen Wochenend-Einsätze der Bevölkerung waren, wie im Westen, auch in Dresden nicht immer von Erfolg gekrönt, trotz des großen Anfangs-Engagements gleich nach Kriegsende. Später sah es dann so aus: Zu dem am Sonntag, dem 9. Dezember 1951 angesetzten Großeinsatz stellte die Baubehörde mehrere Trümmerbahnzüge mit 50 Mann Bedienpersonal. Es fanden sich aus der Bevölkerung aber bei Arbeitsbeginn morgens zunächst nur 13 freiwillige Helfer ein, gegen 9.15 Uhr folgten 50 weitere. Aber das war es dann schon. Die gesamte Aktion war ein Riesen-Fehlschlag – Aufwand und Nutzen standen in keinem Verhältnis. Sei es wie es sei – weniger Mitarbeiter bedeutete naturgemäß weniger Leistung. Es gab keine großen Baumaschinen wie heute, die die manuelle Arbeit auf einer Baustelle stark minimierten. Auch in Städten mit hohem Materialeinsatz (nach damaliger Vorstellung) wie in Frankfurt (Main) oder München, die sich obendrein noch aktiver Unterstützung durch die Besatzungstruppen erfreuen konnten, galt dasselbe. Andere Städte wie Hamburg oder Dresden waren jedoch weit davon entfernt, mit der Hilfe der Besatzer rechnen zu dürfen. Darüber hinaus warf in Hannover auch das Leine-Hochwasser die Räum-Ergebnisse nachhaltig zurück.

Zusammenfassend ist festzuhalten, dass auf die guten Anfangserfolge in der Trümmerräumung nach etwa eineinhalb Jahren eine Reduzierung der Leistungen eintrat, die sich erst nach weiteren 15 bis 18 Monaten wieder zunahmen. Neben den oben dargestellten Gründen war dafür sicherlich auch eine starke Konsolidierung, das soll hier heißen eine Vermehrung der Aufgaben maßgebend. Der Trümmerräumbetrieb begann sozusagen als Kleinunternehmen, pflanzte sich fort als mittelständischer Betrieb und durchlief dann, allerdings mit den geschilderten Abstrichen, die Entwicklung zu einem Großbetrieb.

9. Sonderaktionen in den »Fünfzigern«: Neubau von Feldbahnloks

Wenn man von Sonderaktionen spricht, wird damit meist als Erstes der Begriff *»Sonder-Enttrümmerungsaktionen«* in Verbindung gebracht. Diese Bezeichnung kursierte damals im Sprachschatz der verantwortlichen Stadtväter in Ost und West. Im Osten, weil man nach deren Meinung hinter der Norm zurückgeblieben war und jetzt auf Gedeih und Verderb aufholen musste, ohne neue Kosten zu verursachen. Immer neue Wochenend-Aktionen ohne Bezahlung waren dabei an der Tagesordnung. Diese freiwilligen Arbeitseinsätze der Bevölkerung unterstützten jahrelang die Enttrümmerung. Viele Dresdner Bürger aber auch die Ostberliner leisteten so nach der Arbeit und an Sonntagen einen Beitrag zum Wiederaufbau ihrer Stadt.

Und im Westen ging es hauptsächlich um Anwerbung neuer Mitarbeiter für die weiter gehende Trümmerräumung. Zumindest ab den späten 40er-Jahren standen hier ein ausreichender Maschinenpark und genug Treibstoff zur Verfügung, um die Arbeit in Gang zu halten. Was fehlte, waren die Arbeiter, die die Maschinen und Fahrzeuge bedienten, sie beluden und den für die Trümmerbahn vorgesehenen Schutt zu den Verladestellen brachten. Es handelte sich also in erster Linie sozusagen um »Aufladepersonal«, um Leute die Dreck, Schutt, Ruinenteile und Schrottreste in die Loren der Trümmerzüge luden. Das war Knochenarbeit, kein angenehmer Job, und die Bereitschaft, ihn zu erfüllen, war dementsprechend gering.

Im übrigen waren die Städte und Gemeinden auf ihren eigenen Einfallsreichtum angewiesen, wie man schnell und projektbezogen möglichst viele Arbeitskräfte einstellen konnte. Einen Erfahrungsaustausch oder eventuelle gegenseitige Hilfe durch Ausleihen von Arbeitskräften gab es in Westdeutschland so gut wie gar nicht. Ganz im Gegenteil, es herrschte sogar eine gewisse Konkurrenz: Jede Verwaltung versuchte, manchmal auf nicht ganz legale Weise, der Nachbargemeinde so viele Arbeitskräften wie möglich abzujagen. Dieser Wettbewerb betraf auch die Technik: Untersucht man die in den verschiedenen Städten durchgeführten Trümmerräumungsverfahren, so kommt man zu dem Ergebnis, dass wohl kaum eine Stadt das Prinzip »Trümmerräumung nur im Zusammenhang mit Trümmer-Verwertung« hundertprozentig umgesetzt hat. Dabei ist auch nicht zu behaupten, dass der eine falsch und der andere richtig handelte - es gab einfach keine Kriterien, nach denen man hätte verfahren können. In jeder Stadt mussten die verantwortlichen Fachleute nach eigenem Ermessen die Methoden auswählen, die ihnen nach den örtlichen, wirtschaftlichen und sozialen Verhältnissen am zweckmäßigsten erschienen.

In Kiel z.B. fand man zwar ausreichend Ziegelsteine in den Trümmern, die Bindemittel jedoch, Zement und Kalk, standen bis Anfang der 50er-Jahre nur begrenzt zur Verfügung. Zwar waren geringe Mengen wiederverwendbarer Bindemittel vorhanden, aber es war selbstverständlich, dass eine Möglichkeit, die Trümmer in der Innenstadt durch gezielte Trümmerverwertung zu beseitigen auf Jahre hinaus nicht gegeben war. Hierzu fehlten im Gegensatz zu anderen Städten, wie z.B. in Frankfurt oder Stuttgart, in Kiel ganz eindeutig die wirtschaftlichen Voraussetzungen. An eine Fremdbeschaffung für die Herstellung von Trümmersplitt-Steinen im Zuge einer Trümmerverwertung war daher überhaupt nicht zu denken.

Da Kiel nicht darauf warten konnte, bis die Voraussetzungen für eine wirtschaftliche Verwertung gegeben waren, entschied man sich dazu, auf diese ganz zu verzichten und die Trümmermassen im Interesse einer sofortigen Abräumung und im Zuge des Aufräumens endgültig zu beseitigen.

Wenn in Kiel die Erfolge bei der Beseitigung der Trümmer wie in kaum einer anderen Stadt schon nach kurzer Zeit so auffielen, so lag das einmal an der Konsequenz der Räumung sowie an der Systematik, mit der man die geräumten Flächen sofort nach Abschluss der Arbeiten begrünt hat. Ein Besucher konnte nach einem Jahr echte Grünflächen von begrünten Trümmerflächen kaum noch unterscheiden. Hier hatte die eigenständig arbeitende Verwaltung fast das Optimale erreicht.

Am Berliner Reichstag muss am 11. April 1951 loses Gestein entfernt werden, um den danebenliegenden Platz der Republik für die kommende Mai-Kundgebung vorzubereiten. Für die Entsorgung des abzuschlagenden Gerölls steht, völlig auf freiem Feld, eine Kipplore der Trümmerbahn bereit. Ganz im Hintergrund links: Das Gerippe des kurze Zeit später total abgerissenen Lehrter Kopfbahnhofs. Foto: Landesarchiv Berlin

Anders in der DDR: Die Wirtschaftsführung versuchte hier, durch eine übergeordnete staatliche Planung und Verwaltung den Problemen beizukommen. Der 3. Parteitag der SED beschloss im Juli 1950 die Direktive für den ersten Fünfjahresplan. Damit ging man zur langfristigen Wirtschaftsplanung über. Zunächst setzte der Staat alle Anstrengungen auf die Schaffung einer eigenen Schwerindustrie und den Wiederaufbau der zerstörten Großstädte. Grundlage war das von der Volkskammer am 6. November 1950 beschlossene *»Gesetz über den Aufbau der Städte der DDR*

Die normalspurige Bn2t-Lok von Borsig (Baujahr 1917) auf ihrem Werksbahnnetz am Borsighafen in Tegel, 19. Januar 1959. Nur sieben Jahre vorher war diese Lok noch beim Neubau der Stalinallee im Osten Berlins eingesetzt. Foto: Scherff

Eine Henschel-Baulokomotive vom Typ »Riesa« und eine einfache Kipplore gehören heute zur Darstellung der »Trümmerbahnen in Berlin« im 2. Lokschuppen des Deutschen Technikmuseums auf dem Gelände des früheren Bw Anhalter Bahnhof. Foto: Slg. Gottwaldt

und der Hauptstadt Berlin« (Aufbaugesetz). Dieses bildete auch die Basis für den Wiederaufbau des völlig zerstörten Dresdner Stadtzentrums. Finanzielle und materielle Mittel konzentrierte die DDR außerdem auf wichtige Großprojekte in der Industrie, wie den Neubau des Eisenhüttenkombinates Ost in Eisenhüttenstadt.

Schwerindustrie und Eisenhütten, was erhoffte man sich daraus? In erster Linie Stahl! Die traditionellen Stahllieferungen aus dem Ruhrgebiet blieben wegen der Teilung Deutschlands und den mit dem Kalten Krieg verbundenen Wirtschaftssanktionen aus. So konnte z.B. der lange Zeit geplante und bereits vorbereitete Neubau der Dresdner Carolabrücke nicht erfolgen, weil die schon bestellten Stahlprofile nicht geliefert wurden.

Andererseits muss aber betont werden, dass sich die DDR auf die eine oder andere Weise immer wieder zu helfen wusste. Obwohl im Transportbereich z.B. der Lokomotivbau vorwiegend in Westdeutschland angesiedelt und damit Ersatzteile für ältere Fahrzeuge für den Osten nicht zu erreichen waren, suchte man nach anderen Lösungen und fand sie auch. Neben Deutz, Gmeinder, Henschel, Jung, Krauss-Maffei, den westdeutschen Herstellern, gab es in der DDR nur sehr wenige Lokomotivwerke wie die fast völlig demontierte BMAG (ex Schwartzkopff) in Wildau oder den VEB Lokomotivbau »Karl Marx« Babelsberg (LKM; ex. Orenstein & Koppel), die ab 1950 wieder Feldbahnloks bauten, die in Ostberlin und Dresden auf den Trümmerbahnstrecken zum Einsatz kamen. Der LKM z.B. baute eine solide und wirtschaftliche Dieselkleinlok in vier Leistungsklassen, von denen die 30 PS-Versionen Ns 2 mit zwei Gängen und Ns 2 f mit drei Gängen und elektrischem Anlasser, besonders Letztere, beim Dresdner Trümmerbahnpersonal sehr beliebt waren. Neben den Dieselkleinloks wurden bei LKM in den 50er-Jahren auch zwei Typen Feldbahndampfloks mit 50 und 70 PS Antriebsleistung gefertigt. Diese wurden als LOWA´s bezeichnet. Die kleinere Version rangierte in Dresden noch 1956 auf den städtischen Baustellen im Stadtteil Striesen; die größere ein Jahr später in der Carlowitzstraße.

Von Schwartzkopff fuhren im Dresdner Trümmerbahnnetz neben der bekannten Heeresfeldbahn-Brigadelok der Bauart Dn2t von 1918 eine so genannte »Gaslok« mit Benzinmotor und Mittelführerstand, vermutlich aus den 30er-Jahren. Von anderen Loks der BMAG aus Wildau ist in den Unterlagen nichts mehr vermerkt.

Noch ein Beispiel für die Probleme, die im Osten oft auftraten: Parallel zum Transport auf der Trümmerbahn benötigten die Baubetriebe eine Reihe von Lastwagen für Transporte zu entfernten Kippen oder für Zubringerdienste. Im Januar 1954 ergaben Verhandlungen mit der SDAG Wismut, dass deren Betriebsteile die zugesagten Straßenfahrzeuge nicht mehr vermieten wollten. Die Stadt Dresden musste daher schnellstens die Fahrzeuge kaufen, da sie sonst Gefahr lief, sie an Berlin zu verlieren. Im Westen wäre so etwas undenkbar gewesen.

10. Abgeräumte Stadtgebiete und erste Neubauten: Unverzichtbare Trümmerbahnen

Sieht man einmal vom Neubau des Flughafens Tegel zurzeit der Berliner Luftbrücke ab, dann ist der systematische Neubau von Wohn- und Geschäftshäusern erst Anfang der 50er-Jahre voll angelaufen, also etwa drei bis vier Jahre nach Flughafen Berlin-Tegel, dem ersten großen Neubauprojekt in Deutschland. Und das zu einer Zeit, als die Großräumung der Städte mittels der Trümmerbahnen, zumindest in der Bundesrepublik, weitgehend abgeschlossen war. Aber auch beim Flughafenneubau in Berlin wurden Trümmerbahnen schon 1948 nicht mehr eingesetzt, nur ganz kurze Stichstrecken mit handgeschobenen 0,75 m^3-Kipploren. Den ganzen übrigen Materialtransport übernahmen Lkw sowie Zugmaschinen mit Anhängern.

Was jetzt folgte, waren, wie z.B. in Hamburg, projektbezogene, örtlich begrenzte Trümmerräumaktionen zum Zwecke der gezielten Grundstücksbebauung. Und zu dieser Räumung setzte man den wesentlich flexibleren Lkw ein. Mit anderen Worten: Im Westen war in den 50er-Jahren die Zeit der Trümmerbahnen abgelaufen.

Anders in der DDR: Schon kurz nach der Gründung im Herbst 1949 wurde von Seiten des Staatsrates entschieden, die ehemalige Frankfurter Allee in Ost-Berlin in Stalinallee (später Karl-Marx-Allee) umzubenennen und sie als Prachtstraße nach sowjetischem Muster vollkommen neu zu bebauen. Im Jahr 1950 begann für dieses Prestigeobjekt die Planung und ab April 1951 gab es eine neue, 13 km lange Trümmerbahnstrecke in Regelspur vom Alexanderplatz nach Friedrichsfelde. Da es sich um eine Normalspurstrecke handelte, musste die Reichsbahn die Loks und Wagen stellen. Neben drei oder vier Lokomotiven der Baureihe 89 kamen Hoch- und Niederbordgüterwagen zum Einsatz. Deren erste Aufgabe war es, zunächst einmal den Schutt der total zerstörten Frankfurter Allee zum Osthafen abzufahren. Ein Jahr später beschritt man den umgekehrten Weg: Nunmehr wurden am Osthafen die Baumaterialien für das Großprojekt »Stalinallee« umgeschlagen und stadteinwärts transportiert – mit der gleichen Bahn, den gleichen Wagen und Lokomotiven.

Nur wenig bekannt ist, dass daneben zwei Borsig-Loks aus Westberlin, des Typs Bn2t von 1917, kurze Zeit in der Stalinallee Dienst taten. So etwas war in den Jahren vor dem Mauerbau scheinbar noch möglich. Wie dieser Einsatz allerdings zu Stande kam, ist aus den vorliegenden amtlichen Unterlagen nicht ersichtlich. Wahrscheinlich spielten persönliche Absprachen dabei eine Rolle. Die Lokomotiven gingen 1952/1953 an ihren Eigentümer, die Borsig-Werke in Tegel, von deren Werksbahn-Netz sie stammten, zurück und hier konnten man eine von ihnen Anfang 1959 fotografieren. Ein seltsames Lokomotiv-Schicksal zwischen Ost und West.

Auf ihrer 14. Sitzung beschloss die Dresdner Stadtverordnetenversammlung am 10. Mai 1951 einen umfassenden Neuaufbauplan. Neben dem wichtigsten Schwerpunkt, dem Neubau von 350 Wohnungen in fünfgeschossiger Bauweise, damals noch keine Plattenbauten, enthielt der Plan auch den Aufbau des Dresdner Zwingers. Für die Jahre 1951 und 1952 legte man das Stadtzentrum einschließlich der Inneren Neustadt als zentralen Enttrümmerungsbezirk fest. Die restlichen Schadensflächen und die Randgebiete sollten bis 1955 geräumt sein. Obwohl dazu allein für 1951 das Achtfache der Finanzen des Vorjahrs bereitgestellt wurden, waren zu diesem Zeitpunkt noch über zwei Drittel der gesamten Schadensfläche zu räumen. Aber auch für die ersten großen Aufbaugebiete Grunaer Straße (Pirnaische Vorstadt), Nürnberger Straße (Südvorstadt), Hepkeplatz (Gruna) sowie den Altmarkt (Altstadt) mussten die Voraussetzungen zum Bauen geschaffen werden. Das Leben der Großstadt Dresden spielte sich derweil in den unzerstörten Gebieten am Stadtrand ab, z. B. wurden der Schillerplatz in Blasewitz sowie die Kesselsdorfer Straße in Löbtau vorübergehend zur heimlichen »Stadtmitte«.

Auch in anderen Städten der DDR sollte mit dem Aufbau der Stadtzentren begonnen werden, so z.B. in Leipzig, Magdeburg und Rostock, die ja ebenfalls schwere Zerstörungen aufwiesen. Die Vorbereitungen dafür begannen im Januar 1953.

Schon am 1. April 1951 kam es zur Reorganisation der Wirtschaftsbetriebe. Das Kommunal-Wirtschaftsunternehmen KWU der Stadt Dresden wurde aufgelöst. Die zugehörigen Baubetriebe fasste man unter »VEB K (von Kommunal) Baubetriebe, Örtliche Industrie der Stadt Dresden« zusammen. Dieser Zusammenschluss umfasste die Bereiche Hochbau, Tief- und Ingenieurbau, Enttrümmerung, Tischlerei, Malerei, Steinmetzen und Steinbildhauer, Dacheindeckung, Isolierung, Fliesenleger, Lager- und Werkplätze, Berufsausbildung, Altstoffe, Bauleitung und Fuhrpark. Die Belegschaft des VEB Baubetriebe bestand Ende 1951 aus 4.733 Mitarbeitern. Davon waren 1.538 als Facharbeiter und 2.395 als Hilfsarbeiter tätig, der Rest waren Angestellte. Insgesamt 920 Frauen, das sind 38,4 % der Ungelernten, arbeiteten im gewerblichen Bereich.

Wie bereits ausgeführt, sind diese knapp 1.000 weiblichen Mitarbeiter vorwiegend im Fahr- und Kontrolldienst sowie als Baggerführer und in der Verkehrsregelung tätig gewesen - für den harten und anstrengenden eigentlichen Trümmerabbruch waren zu dieser Zeit schon vorwiegend die männlichen, ungelernten Kräfte zuständig. Immer noch fuhren in Dresden über 40 Dampf- und Dieselloks mit hauptsächlich weiblichen Lokführern auf einem Trümmerbahnnetz von rund 25 km Länge. Bei schätzungsweise 700 eingesetzten Muldenkippern hatten die Züge in der Regel zehn bis zwölf Lorenwagen. Der Rest wurde gerade be- oder entladen. Und immer noch war die verwendete Spurweite nur 600 bzw. 750 mm, obwohl mehrmals neue Regelspurstrecken im Gespräch waren.

Diese kamen dann aber ein Jahr später und die Trümmerbahnnetzlänge wuchs damit auf ca. 40 km an. Daneben wurden Güterstraßenbahnzüge eingesetzt und auch der Anteil von Lkw an der Enttrümmerungsleistung nahm Anfang der 50er-Jahre ständig zu. Mitte 1951 waren es schon über 100 Fahrzeuge, z.T. auch von auswärtigen Betrieben wie beispielsweise von der Firma Köber & Spiegel aus Bischofswerda. Wie im Westen ging

Zum Zweck der alsbaldigen Wiederbebauung leer stehender Flächen unternimmt der Stadtrat von Karlsruhe am 10. Mai 1947 eine Informationsfahrt mit der normalen 900 mm-Trümmerbahn, die zu diesem Zweck für den Personentransport »umgerüstet« wurde.
Foto: Stadtarchiv Karlsruhe

man auch hier den Weg, für gezielte, ortsgebundene Projekte mehr den Lkw mit seiner größeren Flexibilität einzusetzen und für die Flächenräumung und -bebauung mehr die Trümmerbahn zu nutzen. Doch auch das sollte festgehalten werden: Anfang der 50er-Jahre fuhren in Dresden noch immer 50 Pferdefuhrwerke, die Trümmer und Schutt transportierten. So viele hatte zu diesem Zeitpunkt keine westdeutsche Stadt mehr aufzuweisen.

Menschen und Material wurden in dieser Zeit hochbeansprucht. In einem Bericht heißt es: *»Durch Schichtbetrieb sind Maschinen und Geräte dauernd eingesetzt. Durch freiwillige Arbeitseinsätze der Bevölkerung ist die Technik von 4.00 bis 23.00 Uhr »unter Dampf«. Reparaturen werden in den wenigen Nachtstunden durchgeführt. Nur sonntags können größere Instandhaltungsarbeiten erledigt werden. Die Arbeiter sind dadurch überbeansprucht – Arbeitsausfälle und Unfälle häufen sich.«* 1950 wurden in Dresden 990, im Jahr 1951 sogar 1.254 Arbeitsunfälle gezählt. Davon waren 20 schwere Unfälle, drei mit tödlichem Ausgang. Mit dem Einsatz von Arbeitsschutz-Obleuten versuchte man diesen Trend einzudämmen, was auch teilweise gelang. Auch machte die fortschreitende Verwitterung der Ruinen die Enttrümmerung zunehmend gefährlicher, was anfangs zu weiteren Unfällen führte, bis später auch hierüber mehr Erfahrungen vorlagen.

11. Abschluss des Trümmerbahn-einsatzes: Fazit

Wir sind am Ende der Darstellung über die Enttrümmerung der deutschen Städte nach dem größten und schlimmsten Kriege aller Zeiten. Bereits Ende der 40er-Jahre, nachdem die beiden deutschen Staaten gegründet waren, trat im Westen alsbald die Trendwende in der Räumtechnik ein – »Weg von der Trümmerbahn, hin zum Lkw«. Im Sonderfall Westberlin, das durch die zwischenzeitliche Verlagerung seiner Anstrengungen im Zuge der Luftbrücke 1948/1949 gegenüber den anderen westdeutschen Städten in der Trümmerräumung zurückgefallen war, trat der klare Trend zum Lkw 1950 zu Tage (1949: Trümmerbahn 66 %, Lkw 34 %; 1950: Trümmerbahn 28 %, Lkw 72 %).

Wurden in Dresden Anfang 1951 noch 95 % des Schutts schienengebunden mit der Trümmerbahn abgefahren, gewann der Einsatz des Lastwagens im Laufe des Jahres immer mehr an Bedeutung. Im Herbst 1951 konnte immerhin schon die Hälfte der Trümmer mit dem Lkw abtransportiert werden. Der Vorteil lag auf der Hand: Die Bewältigung größerer Steigungen und Entfernungen zu den außerhalb der Stadt liegenden Kippen wurde möglich; die Flexibilität war größer und die kostenintensive Errichtung sowie der Unterhalt von Gleisanlagen entfielen.

Allerdings traten beim Lkw-Einsatz auch oft die Nachteile der DDR-Planwirtschaft in Erscheinung: Reifen-, Treibstoff- und Ersatzteilmangel zwangen immer wieder zum Abstellen der Fahrzeuge. Und noch etwas kam hinzu: Waren bei »wichtigeren Anlässen« Kraftfahrzeuge notwendig, zog man diese per Verordnung einfach ab und die eigentliche Arbeit hatte das Nachsehen! So mussten für die Enttrümmerung in Dresden dringend benötigte Lastkraftwagen im Herbst 1951 für Ernte- und Kohletransporte sowie für die »Weltfestspiele der Jugend« in Ostberlin bereitgestellt werden. Auch ein Jahr später, im Oktober und November 1952, verfügte ein Stadtratsbeschluss, dass alle im Trümmerdienst eingesetzten Lkw für die »Sicherstellung der Versorgungsfrage«, in diesem Falle die Kartoffelernte, eingesetzt wurden. Alternativen gab es keine, sodass durch solche drastischen Maßnahmen die geplanten Enttrümmerungsleistungen sehr oft nicht erreicht wurden. Die für 1952 gesetzte »Planauflage«, ebenfalls ein Wort, das man im Westen nicht kannte, wurde daraufhin von ursprünglich 36 Millionen MDN (Mark Deutscher Notenbank) auf 25 Millionen MDN herabgesetzt. Die in Dresden abgezogene Technik, zwei wichtige Trümmerbahnstrecken mit 13 km Streckenlänge sowie ein Teil des Personals, wurden unter anderem zum Flugplatzbau nach Drewitz bei Cottbus abbeordert. Somit war Ende 1952 lediglich noch eine von ursprünglich fünf Trümmerbahnen, wie nur ein hal-

Nach fünf Jahren Trümmerbahn vor dem Haupteingang des Residenzschlosses war es gemäß den Aussagen alter Karlsruher hier *»schon fast normal, über die inzwischen bewachsenen Gleise zu stolpern«* ohne lange Umwege in Kauf zu nehmen. Von all dem ist natürlich heute nichts mehr zu sehen. Es gibt jetzt aber die »Schlossgartenbahn«, die an Sonntagen mit einer alten Feldbahndampflok betrieben wird und so die Erinnerung an die Jahre nach dem Kriege wach hält. Foto: Stadtarchiv Karlsruhe

bes Jahr zuvor, in Betrieb –die Strecke T 3 von der Südvorstadt Dresdens zu den Lehmgruben in Gostritz/Prohlis!

Am 31. Mai 1953 legte Walter Ulbricht, Generalsekretär des ZK der SED, auf dem Altmarkt den Grundstein für den Neuaufbau des Dresdner Stadtzentrums. Nach Entwürfen der Architekten Schneider und Rascher entstand in den folgenden Jahren die West- und Ostseite des Altmarkt-Platzes vollkommen neu. Die Ausführungsform und Qualität der Bauwerke spricht für sich; heute stehen sie bereits unter Denkmalschutz. Ebenfalls 1953 wurde, aber nur vorübergehend, die letzte noch betriebene Trümmerbahnstrecke T 3 eingestellt. Die Flächen um die Reichenbachstraße waren geräumt und damit die Trümmerbahn überflüssig. Für wenige Monate besaß Dresden somit keine Trümmerbahn. Die Gleise der T 3 sollen allerdings noch 1956/1957 in der Dohnaer Straße gelegen haben. Erst im Herbst 1953 entschloss man sich zum Betrieb einer neuen Bahn, deren Bau im November begann. Der Streckenverlauf umfasste die Bereiche Johannstadt (Comeniusstraße), Gruna (Calvinstraße), Seidnitz, Dobritz und die Kippe Salzburger Straße. Die Inbetriebnahme der Strecke erfolgte vermutlich Anfang 1954.

Die Trümmermassen kippte man am Flutgraben neben der Salzburger Straße ab. Der wachsende Schuttkegel wurde anfangs noch mit der Trümmerbahn im Schiebebetrieb befahren. Dieses Verfahren konnte sich aber nicht lange halten, sodass auf dem letzten Stück Lastwagen die Arbeit übernehmen mussten. Heute erhebt sich der mittlerweile bewaldete Trümmerberg als grüne Oase im Dresdner Osten. Die Trümmerbahn Johannstadt–Dobritz hielt sich bis Ende 1957, wahrscheinlich sogar bis Anfang 1958, wobei in den letzten Jahren ihres Einsatzes die Leistung der Bahn immer mehr dem Tempo der Großblock-Vorfertigung für den Wiederaufbau angepasst wurde. Die Trümmerbahn als reiner Schutttransporter war nicht mehr ausgelastet. Schon 1953 hatte sich der Schwerpunkt der Bautätigkeit mit zunehmender Tendenz von der Flächenenttrümmerung zum Wohnungsbau verlagert. Ganze Stadtgebiete waren in den vorhergehenden Jahren geräumt worden und große, freie Flächen beherrschten jetzt das Stadtbild. Die punktuelle Enttrümmerung lohnte sich nur noch durch gezielten Lkw-Einsatz, zumal sich die Beschaffung von Fahrzeugen, Kraftstoff und Reifen jetzt langsam stabilisierte.

An diesem Beispiel ist die ganze Problematik des Trümmerbahneinsatzes erkennbar: Kostenaufwändig im Aufbau sowie im Gleisunterhalt, wenig flexibel im Einsatz bei ständig wechselnden Baustellen –aber stark in der Leistung, wenn, wie in Dresden, große Schuttmassen abtransportiert werden müssen sowie Anfang und Ziel unverändert bleiben.

Ein weiteres positives Beispiel eines gezielten Trümmerbahneinsatzes ist Karlsruhe: Diese mittelgroße, ehemals badische Residenz hatte im Prinzip über all die Jahre hinweg nur eine einzige 900 mm-Schuttbahn, die auch immer wieder das gleiche Ziel, den Rheinhafen, anfuhr. Dass sich in der Karlsruher Innenstadt zahlreiche Zufuhrstrecken um- und weiterbildeten, ist unumstritten – aber die Kernstrecke blieb immer erhalten.

Heute gibt es keine Trümmerbahnen mehr; auch die Feldbahnen in Baubetrieben sind fast ausgestorben. Nur gut, dass genügend Museums- und Parkeisenbahnen existieren, die diese interessanten Fahrzeuge nicht in Vergessenheit geraten lassen.

12. Anhang:

Trümmerbahnen in Deutschland

Fahrzeuge

Auf Grund der schlechten Quellenlage ist es nicht möglich, alle in Deutschland eingesetzten Trümmerbahnen nach Spurweite, Loktypen und Wagenmaterial aufzulisten. Dennoch soll dem Leser zumindest eine Übersicht geben werden, die ihn in die Lage versetzt zu übersehen, welche Lokomotiven in seiner Stadt und etwa wann fuhren. Dazu vorab einige Feststellungen: Im Dampflok-Bau waren nach dem Ersten Weltkrieg – und aus dieser Zeit stammen die meisten Trümmerbahnlokomotiven – vor allem die Fabriken tätig:

- Borsig
- Henschel
- Jung
- Krauss
- Maschinenfabrik Esslingen
- Maffei
- Schichau
- Schwartzkopff
- Vulcan.

Daneben etablierten sich, und zwar in der Dampf- und Ellok-Produktion ab Mitte der 20er-Jahre die ehemaligen Waffenschmieden:

- AEG
- BBC
- Krupp
- Orenstein & Koppel
- Rheinstahl.

Der Rückgang in der Lokproduktion Mitte der 20er-Jahre und die 1929 einsetzende Weltwirtschaftskrise hatten tief greifende Folgen. Die wenigen Aufträge der Reichsbahn reichten bei weitem nicht für alle Firmen aus, sodass sich um 1930/1931 einige kleinere Unternehmen, die auch Schmalspur- und damit Feldbahnloks bauten, vom Markt zurückzogen. Dies waren:

- Hagans
- Hanomag
- Hohenzollern
- Humboldt
- Linke-Hofmann
- Union.

Auch Borsig verkaufte 1930 seinen Lokomotivbau an die AEG in Hennigsdorf bei Berlin.

Vor allem mit dem Bau von Diesellokomotiven beschäftigten sich darüber hinaus die Firmen:

- BMAG
- CKD (Diesel und Dampf)
- Deutz
- Gmeinder
- Schöma
- O & K (nach dem Zweiten Weltkrieg: LKM Babelsberg).

Dies sind auch die Namen, die in den nachfolgenden Loklisten genannt sind. Darüber hinaus wurden, wie berichtet, im Trümmerdienst zusätzlich französische, polnische, tschechische und russische Loks eingesetzt.

Bei den Recherchen wurden dazu alle verfügbaren Arten von amtlichen Berichten, Fotos, Zeichnungen, handschriftliche Niederschriften und alte Zeitungsberichte eingesehen sowie die Aussagen von noch lebenden Trümmerfrauen und -männern und ihrer vorgesetzten Dienststellenkollegen herangezogen, sofern das überhaupt noch verfolgbar war. Alle in Texten und Bildunterschriften enthaltenen Informationen über die

Triebfahrzeuge aus dem Trümmerdienst wurden sorgfältig ausgewertet und den einzelnen Städten und Gemeinden zugeordnet, d.h. wo sie mit *90 %iger Sicherheit* gefahren sind. Ob das aber im Endeffekt wirklich so zutraf, konnte nicht mit letzter Exaktheit ermittelt werden.

Dies gilt vor allem für die westdeutschen Städte, vielleicht weil hier die Wichtigkeit des Trümmerräumens in Anbetracht des schon bald anlaufenden Wiederaufbaus – ein Teil des Wirtschaftswunders – nicht so hoch bewertet wurde. Auch in Westberlin nicht: Hier hat man – allerdings aus Überlebensgründen auf Grund der Blockade 1948/1949 – die bereits vorher angelaufenen Trümmerräumarbeiten für sechs bis acht Monate weitgehend eingestellt, weil die Arbeiten für die Luftbrücke zunächst einfach wichtiger waren.

Demgegenüber konnten wir uns bei den Aufstellungen der Trümmerbahnen in der DDR auf die Recherchen des rührigen Vereins Historische Feldbahn Dresden e.V. stützen, der sich seit über 20 Jahren mit der Erhaltung sowie Erforschung der Geschichte alter Feldbahnen und demzufolge auch der Dresdner Trümmerbahnen befasst.

Im Ostteil Berlins ist es die Berliner Park-Eisenbahn (BPE) in Wuhlheide, die neben anderen Schmalspurzügen auch einen Trümmerbahnzug beherbergt und uns mit Daten und Fakten unterstützte. Die Ursprünge der BPE gehen auf den Deutschen Modelleisenbahn-Verband zurück, der bereits 1979 schmalspurige Dampfloks vor dem Verschrotten bewahrte.

Auch in der ehemaligen DDR war die betriebsfähige Unterhaltung der Fahrzeuge, besonders der Dampflokomotiven, nicht ohne technische Hilfe von Industriebetrieben möglich. Diese war damals jedoch nicht als »Sponsorship« (Sach- und Dienstleistungsspende wie im Westen) zu verstehen, sondern sie war politisch motiviert. Die Betriebe konnten ihre Hilfe als so genannte »Gesellschaftliche Arbeit« herausstellen. Damit hatten aber auch verkehrshistorisch interessierte Mitarbeiter dieser Firmen die Möglichkeit, auf breiter Basis ihrem Hobby zu frönen.

1. Akku-Loks				
Hersteller	**Baujahr**	**Typ/Gattung**	**Leistung**	**Einsatz**
Woroshilowgrad	o.A.	Bo	o.A.	Dresden

2. Dampfloks				
Hersteller	**Baujahr**	**Typ/Gattung**	**Leistung**	**Einsatz**
Borsig	1917/1920	Bn2t	250 PS	Ostberlin
CKD	1940	Bn2t	o.A.	Dresden, Ostberlin
Decauville (Frankreich)	1915	Cn2t	o.A.	Frankfurt (Main)
Usines-Schneider (Frankreich)	o.A.	Bn2t	o.A.	Dresden
Henschel	1925	Bn2t	50 PS	Frankfurt (Main)
Henschel	1939	Bn2t	50 PS	Frankfurt (Main)
				Hamburg
				Hannover
				Westberlin
				und weitere Städte
Henschel	o.A.	Bn2t	wahrsch. 50 PS	Dresden
Henschel	1936	Bn2t	o.A.	Dresden
Henschel	1948	Bn2t	70 PS	Hamburg
Henschel	ab 1939	Bn2t	70/90/160 PS	Berlin u.a.
Henschel	o.A.	Cn2t	o.A.	Hamburg
Jung	1934	Bn2t	o.A.	Dresden
Jung	1913	Bn2t	o.A.	Dresden
Jung	1941	Bn2t	65 PS	Frankfurt (Main)
Dresden	Strecke T 1			
Krauss	1909	Bn2t	50 PS	Frankfurt (Main)
Krauss	1925	Bn2t	60 PS	Westberlin
				Karlsruhe, Dresden
				Frankfurt (Main), München
Krauss	1926	Bn2t	55 PS	Dresden
Maffei	o.A.	Bn2t	o.A.	München und weitere Städte
				Dresden
				Westberlin
LKM	1950	Bn2t	50 PS	Dresden
LKM	1951	Bn2t	70 PS	Dresden
				Ostberlin
O & K	1906	Bn2t	40 PS	Frankfurt
O & K	1911	Bn2t	o.A.	Hannover
				Frankfurt (Main)
				Karlsruhe
				Hamburg
				München
BMAG	1918	Dn2t	75 PS	Dresden
				Ost- und Westberlin

Verbleib/Anmerkung
angeblich 11 Stück im Einsatz; aber Lok-Nr. nur 51-58, also acht Einheiten, Akkukästen Nr. 1-14?

Verbleib/Anmerkung
2 Leihloks von Borsig (Werksnetz), 1 Lok ab 1973 auf Spielplatz Titusweg aufgestellt
2 weitere Loks Baujahr 1939 in Dresden im Einsatz
Strecke T 5
Typ »Fabia«
Dresden: heute KA
Name »Anneliese«
Typ »Riesa»
Typen »Riesa« und »Monta« in 600 und 750 mm Spurweite gefertigt
Leihlok von Holzmann
Schiebelok in Neustadt
siehe T 4
1975 Denkmallok in Königstein/Ts.
Leihlok von Dyckerhoff & Widmann
keine Typangabe
»LOWA«-Lok
»LOWA«-Lok
in Dresden Unfall 1955
1979 Denkmallok
Walldorf
ex Brigadelok »2110«
andere Typen

3.0 Diesel:

Hersteller	Baujahr	Typ/Gattung	Leistung	Einsatz
Austro-Daimler Wien	o.A.	B	o.A.	Dresden
Deutz	o.A.	OMZ 117 F	24 PS	Dresden
Deutz	o.A.	Bdm	50 PS	Dresden VEB Baumech.
Deutz	1936	OMZ 122 F	50 PS	Ostberlin
				Dresden und andere Städte
Deutz	o.A.	OME 117 F	11 PS	Dresden
				Westberlin
				Stuttgart
Hatlapa (?)	1947	Bdm	8 PS	Frankfurt (Main)
Gmeinder	o.A.	Bdm	12 PS	Dresden
Gmeinder	1938	Bdm	20 PS	Frankfurt (Main)
Gmeinder	o.A.	Bdm	24 PS	Dresden
Gmeinder	o.A.	Bdm	o.A.	Dresden
Gmeinder	o.A.	Bdm	50 PS	Dresden
				Stuttgart
Gmeinder	1938	Bdm	100 PS	Frankfurt (Main)
Jung	o.A.	ZL-105	24 PS	alle Städte
Jung	o.A.	ZL-130	40 PS	Dresden von Funke& Co.
Jung	o.A.	DL-233	60 PS	Frankfurt (Main)
				Und andere Städte
Jung	o.A.	EL-105	12 PS	Dresden
Jung	o.A.	Vierg. EL-110	12/24 PS	München
				Frankfurt (Main)
				Und andere norddeutsche St
LKM	o.A.	NS 2	30 PS	Dresden, Ostberlin
LKM	o.A.	NS 2 f	30 PS	DDR
O&K	o.A.	Bdm	18 PS	Dresden
O&K	o.A.	RL-2	20 PS	Dresden
				vermutlich auch in anderen S
O&K	o.A.	RL-2	20 PS	Dresden
O&K	o.A.	RL-1a	11 PS	Dresden
Rurth (?)	1914	Bdm	28 PS	Frankfurt (Main)

Anmerkung:
Darüberhinaus wurden diverse offene Loks (vermutlich von Jung) mit 15, 18 und 25 PS, Achsfolge Bdm, ohne weitere

4. Benzin

Hersteller	Baujahr	Typ/Gattung	Leistung	Einsatz
Schwartzkopff	1924 (?)	Bb...(?)	o.A.	Frankfurt (Main)
AEG/NAG, Oberschöneweide	o.A.	Bdm	103 PS	Westberlin

Verbleib/Anmerkung

Name »Eva«

Leihlok von Dyckerhoff & Widmann

Vermerk: »im 4.Gang sehr schnell«
»Schienenkuli«
Name »Liesa«
»Dach grün«
Nr. 2/30
Namen: »Liesel«, »Strolch«, »Molly«, »Sonja«, «Neva«

Maxhütte Sulzbach

eine der leistungsfähigsten Maschinen, bequeme Bedienung

»LOWA«-Lok, 2-Gang mit Kette

Name »Ella«
Name »Opa«, Name »Stups«
rbreitet

V_{max} = 8 km/h
Steinzeugfabrik Staudt

n Dresden und den westdeutschen Städten zwar registriert, aber nicht näher bezeichnet.

Verbleib/Anmerkung

Name »Gaslok«; Mittelführerstand
von BVG-Nordsüd, U-Bahn zeitweise

5. Elektrische Trümmerbahnen

Ost- und Westberlin, Dresden, Frankfurt (Main), Hamburg, Hannover, Karlsruhe, München und Stuttgart; auch in Saarbrücken, Köln, Düsseldorf und Magdeburg:
Flach-Güterwagen der Straßenbahn, Überführungswagen und teilweise selbstumgebaute Loren mit Arbeits-Triebwagen als Zuglokomotiven; bei Bedarf auch gummibereifte Fahrzeuge als Zugmaschinen für den Schutt- und Trümmertransport.
Umgebaute Güterwagen mit Sitzen offen; als Personenwagen mit Sitzen geschlossen
Neben »normalen« Straßenbahn-Triebwagen kamen in Hannover auch so genannte »Bockmaschinen« zur Anwendung – kurze, hochbeinige Fahrzeuge ohne eigenen Laderaum mit verstärktem Antrieb von 2 x 50 PS für höhere Zugkräfte, die z. B. bei langen »Rübenzügen« 1946 durch die Hildesheimer Straße und für Trümmerzugtransporte im übrigen Straßenbahnnetz eingesetzt wurden. Der letzte Vertreter dieser Gattung war die »374«, die noch bis 1962 als Verschublok in Rethen fuhr.

Fahrzeugbestände

Dresden:
T 1: ohne Stückzahlen Muldenkipper
0,75–2,00 m³, Flachwagen
T 2: ohne Stückzahlen Muldenkipper
0,75 m³, hölzerne Kastenkipper, z.T. m. Bremse
T 3: ohne Stückzahlen Muldenkipper
0,75-2,00 m³, Flachwagen
T 4: 100 Muldenkipper 0,75 m³ vom VEB-Bau Torgau bzw. Kreisbaubetrieb, Flachwagen; ab August 1952 zusätzlich 5 Muldenkipper 2,00 m³
Strecke Dobritz: ohne Stückzahlen Muldenkipper 0,75-2,00 m³, Flachwagen
T 5: ca. 100 Muldenkipper 0,75-2,00 m³, z.T. m. Handbremse, Beton-Rundkipper und Flachwagen. Quelle: Histor. Feldbahn Dresden e.V.

Berlin:
Etwa 100 Lokomotiven (hierin sind auch die etwa 25 »Riesa«-Loks des in großen Stückzahlen gebauten Einheits-Baulok-Typs enthalten). Daneben waren rund 4.000 Muldenkipper verschiedener Aufnahmekapazität auf einem Netz von ca. 240 km Länge eingesetzt. Das Personal allein für den Fahrbetrieb belief sich auf 250 Lokführer und Heizer.

Frankfurt:
Dampfloks und Dieselloks in Spurweiten 500, 600, 750 und 900 mm mit ca. 100 Wagen verschiedener Bauarten, Vollspurloren der Straßenbahn

Hamburg:
18 Straßenbahnzüge zur Schutträumung (Normalspur); 83 Diesel- und Dampfloks in 900 mm Spurweite; 1.214 Loren in 900 und 600 mm Spurweite mit 0,75–2,00 m³ Fassungsvermögen.
Neben Berlin (aber hier nur vereinzelt) war Hamburg die einzige Stadt, die Wasserfahrzeuge, so genannte »Schuten«, für den Trümmertransport einsetzte. 1947 beispielsweise waren es bis zu 280 Trümmerschuten.

Hannover:
Vollspurloren der Straßenbahn, teilweise von Treckern gezogen; 16 Dampf- und Dieselloks in 900 mm Spurweite sowie 245 Kipploren.

Karlsruhe:
10 zweiachsige Dampfloks der Spurweite 900 mm, 150 Kipploren mit Holzaufbau für je 4 m³ Kapazität; 20 km Streckengleis, ca. 50 Weichen.

München:
Schmalspur-Dampfloks mit 600 mm Spurweite und 0,75 m³-Kipploren; zwei- und dreiachsige Loks für 900 mm Spurweite mit 2- und 4 m³-Lorenwagen.

Stuttgart:
Dampf- und Dieselloks für die 600 mm-Schuttbahn und ca. 45 Kipploren mit 0,75 m³ sowie speziell für die Trümmerabfuhr per Tram bestellte 1000 mm Loren- und Niederbordwagen.

Abkürzungsverzeichnis

AEG	Allgemeine Electricitäts Gesellschaft Elektrotechnische Werke, Hennigsdorf
BBC	Brown, Boveri & Cie. AG, Mannheim
BMAG	Berliner Maschinenbau AG vormals L. Schwartzkopff, Berlin
Borsig	Borsig-Lokomotivbau GmbH, Berlin-Tegel
BR	Baureihe
Bw	Bahnbetriebswerk
CKD	CKD-Werke, Prag
DB	Deutsche Bundesbahn (ab 1949/50)
DB AG	Deutsche Bahn AG (ab 1994)
DRG	Deutsche Reichsbahn-Gesellschaft (ab 1921)
DR	Deutsche Reichsbahn (ab 1945 in der DDR)
DM	Deutsche Mark (West: ab 1948)
Deutz	Klöckner-Humboldt-Deutz AG, Köln-Deutz
Gmeinder	Gmeinder & Co. GmbH Lokomotiv- und Maschinenfabrik, Mosbach/Bd.
Hagans	Christian Hagans GmbH, Erfurt
Hanomag	Hannoversche Maschinenbau AG, Hannover-Linden
Hartmann	Richard Hartmann GmbH, Chemnitz
Henschel	Henschel & Sohn GmbH, Kassel
Hohenzollern	Hohenzollern AG, Düsseldorf-Grafenberg
Humboldt	Klöckner-Humboldt-Deutz AG, Köln-Deutz
Jung	Lokomotivfabrik Arnold Jung, Jungenthal bei Kirchen/Sieg
Krauss	Lokomotivfabrik Krauss & Comp., München
Krupp	Friedrich Krupp AG, Essen
Linke-Hofmann	Linke-Hofmann-Werke, Breslau
LKM	VEB Lokomotivbau »Karl Marx«, Babelsberg (ab 1949, davor O&K)
Maffei	J. A. Maffei AG, München-Allach
MDN	Mark Deutscher Notenbank (ab 1948 in der Sowjetischen Besatzungszone)
o.A.	ohne Angaben
O & K	Orenstein & Koppel AG, Werk Babelsberg
Rheinstahl	Thyssen-Rheinstahlwerke AG, Oberhausen
RM	Deutsche Reichsmark (bis 1948)
SBZ	Sowjetische Besatzungszone
Schichau	F. Schichau GmbH, Elbing
Schöma	Christoph Schöttler Maschinenfabrik mbH, Diepholz
Schwartzkopff	Louis Schwartzkopff AG, Wildau
SLUB	Sächsische Landesbibliothek - Staats- und Universitätsbibliothek Dresden
T	Tenderlokomotive (zum Beispiel: Bn2t Lokomotive mit 2 Treibachsen = B-Kuppler, Nassdampf, 2-Zylinder, Tenderlok)
Union	Union-Gießerei AG, Königsberg
VEB	Volkseigener Betrieb
Vulcan	Vulcan Stettiner Maschinenbau AG, Stettin-Bredow

Quellen- und Literaturverzeichnis

Bauer: Ruinen-Jahre, Bilder aus dem zerstörten München, München 1983.

Dr. Deschner: Der Zweite Weltkrieg, Gütersloh 1983.

Derenthal: Bilder der Trümmer- und Aufbaujahre, München 1999.

Dresdner Verkehrsbetriebe AG (Hrsg.): Von Kondukteuren…, Dresden 1997.

Dollinger: Kain, wo ist dein Bruder? München 1983.

Eichelkrauth: Deutsche Dörfer im Kreis Lipno/Polen, Wuppertal 1996.

Girbig: Im Anflug auf die Reichshauptstadt, Stuttgart 1974.

Gottwaldt: Heeresfeldbahnen, Stuttgart 1998.

Grabe u.a.: Wege aus dem Chaos, Hamburg 1985.

Grewe: Das besetzte Berlin, Berlin 2001.

Hozzeinzadeh: Nur Trümmerfrauen? Stuttgart 1998.

Jung u.a.: Frauen in Hannover 1945–1948, Hannover 1991.

Krause: Flucht vor dem Bombenkrieg, Köln 1997.

Kühne/Hamm: Berlin, Denkmäler einer Industrielandschaft, Berlin 1980.

Lenk/Hauptvogel: Die Dresdner Trümmerbahnen, Historische Feldbahn e.V., Dresden 1999.

Lersch u.a.: Stuttgart in den ersten Nachkriegsjahren, Stuttgart 1995.

Mai: Der Alliierte Kontrollrat in Deutschland, Oldenburg 1995.

Michaelis u.a.: Der 2. Weltkrieg, München 1983.

Moch: Straßenbahngüterverkehr, Hannover 1953.

Scherff: Luftbrücke Berlin, Stuttgart 1976/98.

Schlemmer: Aufbruch-Krise-Erneuerung (Dissertation), Oldenburg 1998.

Schmidt: Deutsche Erinnerung, Berlin 2000.

Schneider: Hoffnung zwischen Trümmern, Hamburg 1999.

Staisch: Hauptbahnhof Hamburg, Hamburg 1981.

Steininger: Deutsche Geschichte seit 1945, Frankfurt 1996.

Stuttgarter Stadtgeschichte im Überblick, Stuttgart 1998.

Vaccaro: Entering Germany, Köln 2001 .

Wasil: Münchner Tram, Düsseldorf 1976.

Weidauer: Inferno Dresden, Berlin 1965.

Zeitschrift Münchner Tagebuch:

Braun: München ruft München 1946

Poeschel: Vom Wiederaufbauen 1946

Flügel: Was geschieht mit unserer Altstadt? 1947

Zug um Zug ein Treffer

Karlheinz Haucke
Die Westfälische Landes-Eisenbahn
Dieses Buch erzählt von ihren Anfängen zwischen Lippstadt und Warstein bis zur heutigen Westfälischen Verkehrsgesellschaft. Eine wechselhafte Geschichte über Erfolg und Misserfolg, das Ende des Personenverkehrs und den Kalksteintransport für Zementfabriken, die der Bahn zu neuer Blüte verhalfen.
144 Seiten, 133 Bilder, davon 10 in Farbe
Bestell-Nr. 71120

Erich Preuß
Die Spreewaldbahn
Obwohl hier seit 1970 keine Züge mehr verkehren, gehört die zwischen 1898 und 1904 eröffnete Spreewaldbahn zu den bekanntesten Schmalspurbahnen in Deutschland. Kein Wunder, denn die kleinen Maschinen und die kurzen Züge der »Spreewald-Guste« verkörperten wie kaum eine andere Strecke Bimmelbahn-Romantik pur.
128 Seiten, 125 Bilder, davon 58 in Farbe
Bestell-Nr. 71180

Erich Preuß, **Stellwerke**
Die Technik und Architektur dieser Bauwerke beschreibt Erich Preuß in diesem Buch. Das Spektrum reicht von den mechanischen Stellwerken mit ihren Hebelbänken über die elektromechanischen Stellwerke der 30er-Jahre und das Gleisbildstellwerk bis zum elektronischen Stellwerk.
128 Seiten, 120 Bilder, davon 60 in Farbe **Bestell-Nr. 71196**

Kratzsch-Leichsenring, **Diesel- und E-Loks im Bahnbetriebswerk**
Im Gegensatz zur Dampflokzeit präsentieren sich die Bahnbetriebswerke heute oft als klinisch saubere High-Tech-Zentren. Geblieben ist jedoch die Faszination auf den Betrachter, die von den »Heiligen Hallen« ausgeht. Dieser Band gewährt Einblick in das traute Heim der Lokomotiven.
128 Seiten, 153 Bilder, davon 18 in Farbe **Best.-Nr. 71134**

Alfred B. Gottwaldt, **Deutsche Kriegslokomotiven 1939–1945**
Nach massiven Nachschub-Problemen an der Ostfront startete man ein großes Lokomotivbau-Programm. 500 Loks mussten jeden Monat produziert werden. Den Fabriken fehlten indes Rohstoffe und Personal. In diesem Band steht, wie diese Herkules-Aufgabe gemeistert wurde.
152 Seiten, 120 Bilder **Best.-Nr. 71032**

Erich Preuß, **Signale deutscher Eisenbahnen**
Früher reichten oft Formsignale, die mit ihren Flügeln »Ausfahrt frei« geboten. Heute regeln meist Lichtsignale mit verschiedenen Farbkombinationen die Betriebszustände. Hier steht alles drin über die Geschichte der Signalbilder und die neuen Ks-Signale der DB AG.
112 Seiten, 89 Bilder, dav. 20 in Farbe, 4 Zeichn. **Best.-Nr. 71086**

Jeder Band dieser Sammlung kostet € 16,–

Klaus Scherff
Die Schwarzwaldbahn
Die Schwarzwaldbahn von Offenburg nach Konstanz gilt als ingenieurtechnische Meisterleistung. Allein auf dem neun km langen Abschnitt Hornberg – St. Georgen mussten die Bauarbeiter 37 Tunnel durch den harten Triberger Granit treiben. Dennoch konnte man die Bahnlinie am 10. November 1873 eröffnen.
128 Seiten, 120 Bilder, davon 26 in Farbe
Bestell-Nr. 71166

IHR VERLAG FÜR EISENBAHN-BÜCHER

Postfach 10 37 43 · 70032 Stuttgart
Telefon (07 11) 2 10 80 65 · Fax (07 11) 2 10 80 70

trans press

Stand Juli 2002
Änderungen in Preis und Lieferfähigkeit vorbehalten